日本国際教育学会紀要

ISSN 0918-5364

国 際 教 育

2021年

第 27 号

JN075146

Journal of International Education No.27

日本国際教育学会

JAPAN INTERNATIONAL EDUCATION SOCIETY

表紙写真

Campus Mosque, Gadjah Mada University,
Republic of Indonesia (Photo by Yuki Nakata)

Borobudur Temple Yogyakata,
Republic of Indonesia (Photo by Yuki Nakata)

A View of villages in South Bandung,
West Java, Republic of Indonesia
(Photo by Yuki Nakata)

Islamic learning at a mosque, Bandung
Republic of Indonesia
(Photo by Yuki Nakata)

国際教育
第27号
Journal of International Education

CONTENTS

研究論文

国際担当上級管理職の人材育成
―米国との質的比較を通して―　　　　　　　米 澤 由 香 子　　1

日本人学生の海外留学における
大学階層間格差の実態とその推移　　　　　　太 田 知 彩　　17

研究ノート

マーシャル諸島共和国の現代の社会科教育に関する予備的考察
―マーシャル独自の歴史教科書における日本に関する描写に焦点化して　　川 崎 典 子　　33

教育情報

Rethinking Higher Education in Cambodia: Contemporary
Challenges and Priorities in the Post-COVID-19 Era　　Sol Koemhong　　46

特別企画：コロナ禍における世界の教育とSDGs

企画の趣旨　　　　　　　　　　　　　　　　紀要編集委員会　　61

COVID-19を教材化する試み
―SDGs をリアルにそして自分事に―　　　　石 森 広 美　　62

コロナ禍における韓国の外国人留学生受入の現状と政策　　塚 田 亜 弥 子　　72

書評

佐藤仁・北野秋男編著『世界のテスト・ガバナンス
―日本の学力テストの行く末を探る―』　　　牛 渡　　淳　　82

図書紹介

ロシア・ソビエト教育研究会、嶺井明子・岩崎正吾・澤野由紀子・タスタンベコワ、
クアニシ編著『現代ロシアの教育改革―伝統と革新の＜光＞を求めて』　　　黒　木　貴　人　87

日本国際教育学会関係記事

日本国際教育学会規則　　　　　　　　　　　　　　　　　　　　　　　　　91

日本国際教育学会紀要編集規程（日・英文）　　　　　　　　　　　　　　108

日本国際教育学会投稿要領（日・英文）　　　　　　　　　　　　　　　　118

公開シンポジウム・課題研究の報告（依頼原稿）要領
（日・英文）　　　　　　　　　　　　　　　　　　　　　　　　　　　　126

日本国際教育学会役員一覧（第31〜32期）　　　　　　　　　　　　　　128

編集後記　　　　　　　　　　　　　　　　　　　　　　　　　　　　　　130

日本国際教育学会紀要編集委員会委員・幹事一覧　　　　　　　　　　　　132

国際担当上級管理職の人材育成
—米国との質的比較を通して—

米澤　由香子
（東北大学）

〈キーワード：高等教育／国際化／国際化マネジメント／国際担当上級管理職／専門職化〉

1. 背景と研究目的

　大学国際化マネジメントの高度化が進んでいる。今や国際化には従来のような留学生の受け入れや国内学生の派遣留学のみならず、英語を教授言語とする教育プログラムの開発と拡大、国際水準の入学審査システムの整備、世界大学ランキングを意識したブランディング戦略、国際的な産学連携の強化など、次々と新機能が追加されている。このような活動の拡大と多角化を受け、Taylor（2010）は世界中の大学において国際化が大学組織やマネジメントの性質そのものを変える動力となったと説き、その結果、現代の高等教育界には「国際化マネジメントに取り組むための新たなアプローチ」（p. 97）が現れたと主張している。

　こうした変化に機敏に対応し大学国際化を指揮するのが、国際担当上級管理職（senior international officers）である。国際担当上級管理職は、「高等教育機関における包括的国際化の取り組みを牽引・促進することに対し主要な責任と役割をもつ人々」と定義される（AIEA[1] 2016）。その職位上のレベルには、大きく分けて中央執行部でマネジメントを担当する副学長相当の職位[2]と、多くの場合その下に位置づけられる、国際関係のセンターやオフィスなどの国際関連業務を統括する組織の長やディレクターがある。どちらのレベルであれ、この職位には、それぞれの大学におけるポリシーや使命、建学の精神、ビジョン、運営戦略、利

用可能な人的・財政的資源規模等を睨みながら多様な国際化活動に優先順位をつけ、実務を担う運営組織を編成、監督し、実施状況をモニターしながら国際戦略を実行することが求められる（米澤 2019）。

このように高等教育界において重要性が高まりつつある国際担当上級管理職であるが、それでは一体どのような人がどのような経緯でこの職位に就任しているかといった、人的資源に焦点をあてた国際担当管理職の実証研究は重要でありながら海外でも非常に少ない（Brandenburg 2016; Scarboro 2016）。一方、国内の大学国際化マネジメント研究は2000年代頃から増えているが、その議論の中心は国際業務の現場を支える事務系職員の語学力や管理運営能力の向上（小山内 2009）、あるいは国際担当教職員の専門性向上を目指すスペシャリスト養成への考察（太田 2011）などに集中しており、上級管理職への着目はほとんどなされていない。また、大学上級管理職を対象とする研究では、教育担当副学長のリーダーシップ発揮に関わる諸要因を考察した夏目（2012）、同じく教育担当副学長のリーダーシップ形成とその課題を分析した大塚・夏目（2012）、組織文化の観点から学長リーダーシップの実効性について調査分析を行った前田（2016）、学長や理事等の上級管理職全般を対象とするリーダーシップ研究を幅広く扱った両角（2019）などがあるが、国際担当上級管理職に焦点を当てた研究はこれまでほとんどなく、今後が期待される未開拓分野と言える。

本稿のねらいは、国際担当上級管理職の経験や就任に関する理解を通して、日本の大学国際化マネジメントに関する人的資源の開発や育成を考察することにある。とりわけ、国際担当上級管理職の就任状況を取り巻く諸要因を検討したうえで、最終的に大学国際化を担う人材の育成における今後の課題と展望を提言する。

2. 米国における国際担当上級管理職の変遷

国際担当上級管理職という職位の確立は米国においていち早く進んだことから、まずは米国におけるこの職位の変遷を整理する。1970年代中期の米国の高等教育に登場した国際担当上級管理職は、1980年代の漸増期を経て1990年代から急増した（Merkx & Nolan 2015; Heyl & Hunter 2019）。当時就任した者の多くは、キャリアの当初からこの職位を目指して学術的あるいは実務的経験を積ん

できたわけではなかった（Scarboro 2016）。自身の専門分野の研究のために国外の高等教育機関に勤めた経験のある者や、国際比較が必要な学問分野で国際経験を積んだ者、あるいは幼少時からの豊富な国際体験を活かした語学教育や多文化間教育を専門とする者など、多様なバックグラウンドをもつ大学教員や研究者が、「偶発的な（by chance）」（Merkx & Nolan 2015, p. 214）あるいは「思いがけない（accidental）」（Raby & Valeau 2021, p. 88）事情により、学長など上位管理職から任命され就任するというパターンが複数報告されている（Merkx & Nolan 2015）。ところが2000年代に入ると、厳しさを増す財政緊縮化[3]の中で国際化マネジメントの高度化が進んだことから（Heyl & Tullbane 2012）、国際化の計画と実施にフルタイムで従事しマネジメントに集中する国際担当上級管理職への需要が高まった。この変化に伴い、国際化マネジメントに関連する資質をあらかじめ備えた上でこの職位を目指す者、あるいは就任後に実務や研鑽機会を通して自ら積極的に専門性を高め、この職務を自身の職業アイデンティティの中心に据えるようになる者も増えてきた。その結果、現代の米国における大学国際化マネジメントには、上述のような偶発性の高い「非意図的（unintentional）」パターン（Raby & Valeau 2021, p. 88）の他に、国際担当上級管理職としてのキャリアを積極的に志向する「意図的（intentional）」パターン（Raby & Valeau 2021, p. 88）の就任が増加してきている。2000年代には、この職位を総称する"senior international officers (SIOs)"という用語も普及し、現在では専門性を備えたSIOs人材が行き交う、英語圏を中心とした国際的労働市場も成長してきている（Woodman & Punteney 2016）。

　高等教育国際化を担う上級管理職のためのネットワーク機関であるAIEAは、増加するSIOsの様相変化を捉えるため、SIOsを対象とするプロファイル調査を2006年から現在まで4回実施している[4]。これらの調査からは、米国SIOsに関し4つの特徴が見えてくる。1つ目はSIOsの若年化である。2012年調査時のSIOsは61から65歳の年齢層が最多（20%）であったが、2017年調査では56から60歳層が最多（26%）となり、この職位に就く者の年齢低下が見られる。2点目は男女比の均衡化である。現在の米国ではSIO職の性別分布がほぼ均等となっており（女性48%、男性51%；Kwai 2017）、大学国際化マネジメント人材の多様性と、それに伴う候補人材の裾野の拡大が進んでいる。3点目は、専門性と連動す

る学術研鑽である。博士号を保持するSIOs割合は以前から高かったが、近年では博士など最高学位において、教育学や管理経営研究等の大学国際化マネジメント関連の専門分野を修めたSIOsが増加しており（Hoemeke et al. 2006）、意図的就任パターンの増加に対応するように関連の学術的研鑽が進んでいることが窺える（Raby & Valeau 2021）。そして4点目は、国際教育に関する経験年数の増加である。AIEAの2017年調査では、国際教育分野の勤務経験年数が20年を超えるSIOsが39％となっており、上級管理職の立場で国際化活動を牽引するようになる前から国際系オフィスなどで国際教育分野の現場を経験している者が、2014年調査に比べ20％増加したことが報告されている（Kwai 2017）。これらの変化、すなわち若年化、性別分布の均衡化、関連分野の学術的研鑽経験者の増加、そして国際教育経験者の増加は、近年のSIOsの意図的就任の増加現象に少なからず影響を与えていると考えられる（Raby & Valeau 2021）。

　大学国際化は担当者による多国間での交渉や協調が不可欠であることから、米国にみられるSIOsの就任パターンの変化は、日本において同様の役割で国際化を担う国際担当上級管理職の育成システムにもいずれ影響するであろう。このため、日本の国際担当上級管理職における意図的就任パターンの増加を企図した人材育成や職能開発が、今後より積極的に計画推進されることが予想される。しかし、現状の日本の大学における人事システムは、機関間、国境間で人材が流動する米国のそれとは大きく異なり、学内経験の豊富な人材が学長等からの要請により管理職に就任する傾向がある（大塚・夏目 2012）ことから、本人の意図に依らない外的要因が働く可能性も小さくないと思われる。それでは、現在の日本の国際担当上級管理職には実際にどのような人々が就任しており、そしてどのような要因がこの職位への就任動機に影響しているのであろうか。本稿ではこの問いを追究するため、日本の国際担当上級管理職を対象とした関連調査によるデータを活用し考察を試みる。

3. 調査方法

　本稿の分析には、国内主要大学の国際担当上級管理職を対象に2019年に実施した「日本の大学における国際担当上級管理職に関する調査」のデータを用い

る。この調査の対象は大学国際化を全学的に推進する国内大学のうち、国際化推進のための政府事業である「国際化拠点整備事業（通称G30）」、「経済社会の発展を牽引するグローバル人材育成支援（通称GGJ）」、「スーパーグローバル大学創成支援事業（通称SGU）」、「大学の世界展開力強化事業」の4事業[5]に採択された大学、および、英語を教授言語とする学士課程プログラムを提供する大学の計106大学であった。これらの大学において国際教育、国際連携、国際共同研究統括等を担う副学長、国際関係オフィスの長、国際関係事務部、事務課の長などに就任あるいは直近2年以内に在任経験のある者201名を選定し、オンライン調査を実施した。回答回収数は111名、回答回収率は55.2％であった[6]。

4. 結果と考察

　回答者の属性に関する記述的統計を表1に示す。回答者の職位は「理事および・または副学長」が最も多く（60.4％）、次いで「ディレクター／センター長」（22.5％）であった。年齢層は56から60歳が最も多く（34.5％）、AIEAの米国SIOs調査（Kwai 2017）と同様の結果であった。しかし、2番目に多い層は本調査が61から65歳（26.4％）であるのに対し米国調査は51から55歳（21.1％）、また米国調査の61から65歳層は14.4％と割合が小さいことから、日本調査の方がやや年長の人材が多い結果となった。また、性別では男性が85.5％となった。日本の管理職一般では男性優位の性別分布が確認されており（厚生労働省 2019）、管理職における女性の進出を促進する国際的潮流に日本が大きく遅れを取っていることはよく知られているが、この職位でも同様の傾向が確認された。

　次に、最終学位については博士が最多（67.6％）となり、さらに最終学位の専門分野では、理工学系（35.5％）と社会科学系（32.7％）でほぼ等分の分布となった。芦沢（2013）が国内主要大学17校を対象に2005年に実施した調査では、理工系は58.9％である一方、比較教育学や言語・文科系を専門分野とするリーダーは5.7％であった。対象大学が異なるため安易な比較はできないが、芦沢の調査から10年以上を経た現在では、社会科学系や人文科学系を専門とする国際担当上級管理職の占める割合が高まってきていると考えられる。

表1　調査回答者の記述的統計

管理職としての職位	N=111	年齢層	N=110
理事および・または副学長	60.4%	71歳以上	0.0%
学長補佐／副理事	3.6%	66-70歳	6.4%
副学長補佐	1.8%	61-65歳	26.4%
学部長	0.0%	56-60歳	34.5%
ディレクター／センター長	22.5%	51-55歳	20.0%
事務長／事務室長／課長等	9.0%	46-50歳	7.3%
計	100.0%	41-45歳	1.8%
		40歳以下	3.6%
		計	100.0%

性別	N=110	最終学位	N=111
女性	11.8%	博士	67.6%
男性	85.5%	修士または専門職学位	22.5%
答えたくない	2.7%	学士	9.9%
計	100.0%	計	100.0%

最終学位の専門分野	N=107	最も希望する将来	N=107
理工学系	35.5%	SIOの役割に残る	25.2%
社会科学系	32.7%	教員に変わる・戻る	26.2%
人文科学系	23.4%	副学長になりたい	0.9%
医歯薬・保健学系	8.4%	学長になりたい	0.9%
計	100.0%	答えたくない	16.8%
		その他	29.9%
		計	100.0%

国際担当上級管理職担当後の高等教育機関経験年数	N=111	国際教育分野における勤務年数	N=111
1年未満	18.0%	1年未満	7.2%
1-5年	55.0%	1-5年	29.7%
6-10年	18.0%	6-10年	19.8%
11-15年	5.4%	11-15年	14.4%
16-20年	1.8%	16-20年	13.5%
21年以上	1.8%	21年以上	15.3%
計	100.0%	計	100.0%

国際担当上級管理職を終えた後の希望キャリアを尋ねた項目では、当該職に残りたいという回答割合は25.2%と低く、65.4%がSIOに残りたいと回答した米国調査とは対照的な結果となった。一方、日本調査におけるこの質問では「その他」の回答割合が29.9%と比較的高かった。この「その他」回答の自由記述からは、定年退職のため次のキャリアを検討していない（7件）、学内人事は自身で決められないため自ら希望しない（7件）、研究職に戻りたい（4件）などの事由や見解が見られたことから、比較的高年齢の研究志向の教員人材や、ジェネラリストとして養成される幹部候補の事務系職員を登用する状況が、この職位への継続希望割合の低さに少なからず影響していることも考えられる。

　次に、国際担当上級管理職に就いてからの高等教育経験年数を尋ねた項目では、5年以下の回答者が73.0%となった。年齢層分布と合わせて検討すると、日本の国際担当上級管理職はその高等教育キャリアの終盤で就任する者が多いという傾向が分かる。また、国際教育分野での勤務年数は1年から5年が最も多く（29.7%）、ここでも、21年以上の長い国際教育経験をもつSIOsが全体の39.3%を占める米国調査とは対照的な結果が示された。

　これらの諸相を踏まえ、それでは、回答者の国際担当上級管理職への就任動機を米国の「非意図的」就任パターンと「意図的」就任パターンのように分けた場合、表1に見られる諸特性のどの要因が就任動機に影響を与えているのだろうか。このことを調べるため、関連する要因についてクロス集計と多変量解析を行った。

　本調査では、回答者に国際担当上級管理職への就任動機を自由記述により尋ねている。この設問の回答を、質的データ分析で一般的に用いられるコーディング（Punch 2014）により分類した。分類方法は、Miles et al.（2014）のコーディング方法を採用した。まず、分析の第一サイクルコーディング（First Cycle Coding）では各回答内容の中心的意味（例えば「上司から指名された」という回答の中心的意味は「指名」となり、「自身の海外勤務経験を活かすため」という回答の中心的意味は「経験」となる）を表す単語を抽出する記述的コーディング（descriptive coding）を行い、「指名」「人事異動」「経験」「スキル」「関心」など9個の名詞をコード化した。次の第二サイクルコーディング（Second Cycle Coding）では、これら9個のコードからパターンコード（pattern codes）を作成した。すなわち、「指名」「人事異動」など上司からの要請や人事制度等の要因

による就任動機を答えた回答を「外発的理由による非意図的要因」とし、「経験」や「スキル」など、本人の能力や興味関心を主要な就任動機とした回答を「内発的理由による意図的要因」、そしてどちらにも当てはまらない回答を「その他」とした[7]。この分析プロセスでは、分類の妥当性を高める目的で2名の分析者が合意するときにコードとパターンを決定し、そうでない場合は合意するまで検討を重ねた。そして、最終的にこれらのパターンを「非意図的要因」「意図的要因」「その他」の3つにラベル化し、有効回答を分類した（表2）。

表2　国際担当上級管理職に就任した理由

ラベル	N=109
非意図的要因	56.9%
意図的要因	39.4%
その他	3.7%
計	100.0%

　この就任動機ラベルのうち、「非意図的要因」と「意図的要因」を被説明変数として、回答者の国際担当上級管理職就任前の国際教育分野経験の有無と年齢が国際担当上級管理職への就任動機に関連するかどうかを調べるため、三重クロス集計を行った（表3）。

表3　年代および国際教育経験と就任動機の三重クロス集計

国際担当上級管理職に就任する前の国際教育分野経験	年齢層	国際担当上級管理職就任動機		N
		非意図的要因	意図的要因	
なし	50歳以下	4 (57.1%)	3 (42.9%)	7
	51－60歳	17 (73.9%)	6 (26.1%)	23
	61歳以上	12 (66.7%)	6 (33.3%)	18
あり**	50歳以下	3 (42.9%)	4 (57.1%)	7
	51－60歳	22 (64.7%)	12 (35.3%)	34
	61歳以上	4 (26.7%)	11 (73.3%)	15
合計		62 (59.6%)	42 (40.4%)	104

** p <.05

8

表3において年代別の分布を見ると、50歳以下と61歳以上の各年齢層では、就任前に国際教育分野の経験がなければより就任理由に非意図的要因を挙げる傾向があり、反対に経験があれば就任理由に意図的要因を挙げる傾向が見られる。しかし、51から60歳の年齢層では、就任前の国際教育分野経験の有無によらず非意図的要因を挙げる割合が高い。この、51から60歳層が他の年齢層と異なる傾向を示すことをさらに詳細に確認するため、二項ロジスティック重回帰分析を行った（表4）。その結果、51から60歳層では意図的要因に対する負の効果が見られた。すなわち、この年齢層は50歳以下や61歳以上に比べ、就任理由に意図的要因を挙げる可能性は70％程度低い。このことから、日本の国際担当上級管理職は50代で学内任命や人事異動など外的な理由により登用されがちであることが確認できた。この年齢層においては、国際担当上級管理職という職務を自身の経験やスキル、あるいは大学国際化に対する関心と関連づけることは比較的少なく、それよりも大学の上位管理職から選ばれたことへの責任感や人事制度の遵守、あるいは将来の上位管理職候補として見込まれた者としての使命感が先立つ就任動機がはたらくことの方が大きいのではないかと考えられる。

　同分析ではさらに、国際担当上級管理職就任前の国際教育分野の経験が1年増えると、就任動機に意図的要因を挙げる可能性が7％高まることも示された。このことから、国際担当上級管理職の意図的就任パターンの増加のためには、20代や30代など比較的若い年齢から国際教育分野の経験を積み始める者を将来の上級管理職候補として計画的に育成する体系的な制度と、そうした計画的育成により高い専門性を備えた人材を増やす方向へとはたらく組織文化の構築が重要と考えられる。すなわち、国際教育や組織マネジメントに関する知識の涵養と経験の蓄積を促す研鑽機会への参加の促進や、採用基準や職務内容の明確化と可視化などにより、大学国際化担当キャリアの早い段階でより多くの人々が専門性を高められるような制度とそうした制度へのアクセスを容易にする環境が整備されれば、将来の国際担当上級管理職候補として自らスキルや知識、経験を意図的に高め、キャリアアップに備える人材層の裾野の拡大につながる可能性がより高まると考えられる。

表4 就任動機の二項ロジスティック回帰分析

	B	Exp（B）
50歳以下ダミー	− 1.046	0.351
51から60歳ダミー	− 1.176	0.308 **
女性ダミー	− 1.000	0.368
学位	− 0.457	0.633
理系ダミー	− 0.831	0.436
教員に戻りたいダミー	− 0.665	0.514
国際担当上級管理職就任後の勤務年数	0.004	1.004
国際担当上級管理職就任前の国際教育年数	0.070	1.073 *
定数	1.753	5.770
N		97
Nagelkerke R2		0.202

注）学位は学士を1、修士または専門職学位を2、博士を3とするカテゴリ変数
　　である。被説明変数は就任動機の非意図的要因を0、意図的要因を1とした。
　　** $p <.05$　* $p <.10$

5. まとめと今後の展望

　本稿では、近年の米国におけるSIOs就任パターンの変化に着目し、日本の国際担当上級管理職の就任理由を非意図的要因と意図的要因に分けた分析により、大学国際化マネジメントを担う人材の育成に関する考察を試みた。1970年代の大学国際化黎明期を経て、今や国際担当上級管理職は国内外から「経験豊かな人材が真剣に求められる」(Deardorff & Charles 2018, p. 159)職位となった。今後は、専門性向上を目指すプロフェッショナル・ディベロップメント機会の計画的な整備と、そうした機会へのアクセスを促す組織文化の醸成が喫緊の課題となる。ただし、日本と米国における高等教育全体の規模やシステムの違い、また人材の雇用および昇進制度や研鑽機会の違いなどに鑑みれば、国際担当上級管理職が機関横断的に国内外で移動する流動的な労働市場の確立や、米国のAIEAに相当するような国際担当上級管理職に特化した研修機会や学会を組織する職能団体の設立が日本において合理的かは、慎重な検討が必要である。むしろ、この職位に求められる知識、経験、スキルは国や文化特性を超えてある程度共通要素が認められ

ることからも（Deardorff 2018）、海外ですでに整備が進む研鑽機会への若手人材や候補人材の積極的な参加を促すことで、世界各地域の様々なSIOsをロールモデルとしながら各自の専門性を高め、国際担当上級管理職としてのキャリアパスを描きやすくしていくような方略が、より現実的ではないかと考えられる。

　本稿の意義は、これまで明らかにされることの少なかった日本の国際担当上級管理職の諸相を報告し、米国で見られる2つの就任動機パターンを概念的枠組みとして、日本の大学国際化における高度マネジメント人材育成の将来像を考察した点にある。一方、今後につながる研究上の課題もいくつか挙げられる。一つには、日本の国際担当上級管理職を対象とした本格的な調査の実施は今回が初めてであり、時間経過によるこの職位の人材像の変遷は明らかにされていないことから、今後も同様調査を継続しながら国際担当上級管理職の諸相の変化をつぶさに確認していくことが求められる。次に重要な課題は、日本においてまだ実証的な検討が十分なされていない国際担当上級管理職のキャリアパス特性の追究である。特に、将来の人材育成の観点から見れば、米国SIOsのジェンダー平等の急速な進行には注目すべきである。なぜなら、米国SIOsにおける性別分布均衡化の要因には、米国の一般的な管理職の性別均衡化（ILO 2020）という土台の上に、従来から国際教育の現場に多かった女性スタッフ（Lopez-McGee 2018）が、現場でのマネジメント経験や大学院教育プログラムでの学術的研鑽により上級管理職へとキャリアアップするケースも多数報告されるようになり（Raby & Valeau 2021）、この傾向がSIOsの意図的就任パターンの増加と専門性向上に貢献しているというキャリアパスに関する仮説が考えられるからである。日本において国際教育の現場から国際担当上級管理職へと直線的につながるキャリアパスが実際にどの程度見られるのか、そしてそれが国際化マネジメントの高度化にとって有効かという視点は、大学国際化を担う人材に関する研究において、今後ますます注目されるべき価値ある問いである。

※当論文は2017 〜 2019年度科学研究費基盤研究（C）「大学国際化マネジメントにおける教職協働の実証的研究」（研究代表: 米澤由香子、研究課題番号: 17K04672）の成果の一部である。また、統計分析においては米澤彰純教授（東北大学）に助言いただいた。

【注】

1）Association of International Education Administrators（国際教育アドミニストレーター協会）。

2）比較的大規模な大学では複数の国際担当副学長が置かれることもある。一方、小規模な高等教育機関には国際担当上級管理職のポジションがないこともあるが、実践面では学生部長やプロボスト、あるいは学長がその役割を兼務することも多い（Koehn et al. 2011）。

3）高等教育への公的資金の支出削減を受け、特に多くの州立大学などでは、収入源の多様化を図るために高額な学費を支払う留学生の獲得や英語学校の設置など、"entrepreneurship"（Heyl & Tullbane 2012, p. 122）型の管理運営方法にシフトした。

4）AIEAによる国際担当上級管理職調査は1999年に初めて実施されたが、調査結果が公開されているのはその次の2006年に実施されたChief International Education Administrator調査からである。その後、AIEAは2012年から同調査名を"Senior International Officer (SIO) Survey"に変え、これまで2012年、2014年、2017年に3回実施している。2006年から2017年までの各調査の報告概要はAIEAウェブサイト上で公開されている。

AIEAによるSIOs調査ウェブサイト：https://www.aieaworld.org/surveys

5）各事業の概要は以下の各ウェブサイトを参照されたい。

G30: https://www.mext.go.jp/a_menu/koutou/kaikaku/1260188.htm

GGJ: https://www.mext.go.jp/a_menu/koutou/kaikaku/sekaitenkai/1361067.htm

SGU: https://www.mext.go.jp/a_menu/koutou/kaikaku/sekaitenkai/1360288.htm

大学の世界展開力強化事業: https://www.mext.go.jp/a_menu/koutou/kaikaku/sekaitenkai/

6）回答者111名の所属大学の設置形態別割合は、国立64.0%、公立5.4%、私立30.6%であり、大学規模の分布は、1,000名以下6.3%、1,001から5,000名20.7%、5,001から10,000名36.0%、10,001から50,000名36.0%、50,001名以上0.9%であった。

7）就任動機のコーディングとラベル化手順は補表1の通りである。

補表1　就任動機のコーディングとラベル化

第一サイクルコーディング 記述的コーディング	第二サイクルコーディング パターンコード	ラベル
指名、任命、依頼、人事異動	外発的理由による非意図的要因	非意図的要因
経験、スキル、専門分野、関心	内発的理由による意図的要因	意図的要因
上記2グループに該当しない回答	その他	その他

【引用・参考文献】

1）AIEA- Association of International Education Administrators (2016) Standards of professional practice for international education leaders and Senior International Officers. Retrieved from https://www.aieaworld.org/standards-of-professional-practice.（2021年2月28日閲覧）

2）Brandenburg, U. (2016) The value of administrative staff for internationalization. *International Higher Education*, 85, 15-17.

3）Deardorff, D. K. (2018) Intercultural knowledge for senior international officers. In D. K. Deardorff, & H. Charles (Eds.). *Leading Internationalization: A Handbook for International*

Education Leaders (pp. 135-142). Sterling, VA: Stylus.

4 ）Deardorff, D. K., & Charles, H. (2018) Conclusion. In D. K. Deardorff, & H. Charles (Eds.). *Leading Internationalization: A Handbook for International Education Leaders* (pp. 157-159). Sterling, VA: Stylus.

5 ）Heyl, J. D. & Hunter, F. J. H. (2019) *The Senior International Officer as Change Agent.* Second Edition. AIEA.

6 ）Heyl, J. D. & Tullbane, J. (2012) Leadership in international higher education. In Deardorff, D. K., de Wit, H., Heyl, J. D., & Adams, T. (Eds.). *The SAGE Handbook of International Higher Education* (pp. 113-130). SAGE Publications, Inc.

7 ）Hoemeke, T. H., Krane, M., Young, J., & Slavin, G. (2006) A survey on chief international education administrators, their institutions and offices. Retrieved from https://www.aieaworld.org/assets/docs/Surveys/ciea2006.pdf.（2021年2月28日閲覧）

8 ）ILO- International Labour Organization (2020) ILO Statistics "female share of employment in senior and middle management". Retrieved from https://www.ilo.org/shinyapps/bulkexplorer19/?lang=en&segment=indicator&id=EMP_XFMG_NOC_RT_A.（2021年2月28日 閲覧）

9 ）Koehn, P. H., Deardorff, D. K. & Bolognese, K. D. (2011) Enhancing international research and development-project activity on university campuses: Insights from U. S. senior international officers. *Journal of Studies in International Education.* 15(4), 332-350.

10）Kwai, C. K. (2017) The SIO profile: A preliminary analysis of the survey on Senior International Officers (2017) preliminary analysis and summary. Retrieved from https://www.aieaworld.org/assets/docs/Surveys/final-2017%20executive%20summary_sio%20profile%20survey.pdf.（2021年2月28日閲覧）

11）Lopez-McGee, L. (2018) Survey of diversity and inclusion among international educators. Diversity Abroad. Retrieved from https://cdn.ymaws.com/www.diversitynetwork.org/resource/resmgr/documents/2018_survey_of_diversity_amo.pdf.（2021年2月28日閲覧）

12）Merkx, G. W. & Nolan, R. W. (2015) *Internationalizing the Academy: Lessons of Leadership in Higher Education.* Cambridge, MA: Harvard Education Press.

13）Miles, M. B., Huberman, A. M., & Saldana, J. (2014) *Qualitative Data Analysis: A Methods Sourcebook.* Third Edition, SAGE Publications Ltd.

14）Punch, K. F. (2014) *Introduction to Social Research: Quantitative & Qualitative Approaches.* Third Edition, SAGE Publications Ltd.

15）Raby, R. L. & Valeau, E. J. (2021) Position training and succession planning for community college international educational leaders. *Community College Journal of Research and Practice*, 45(2), 86-102.

16）Scarboro, D. (2016) The benefits and limits of scholarship and self-expression among international education professionals. In B. Streitwieser & A. C. Ogden (Eds.), *International Higher Education's Scholar-Practitioners: Bridging Research and Practice* (pp. 97-113). Oxford, UK: Symposium Books.

17）Taylor, J. (2010) The management of internationalization in higher education. In F. Maringe, & N. Foskett (Eds.). *Globalization and Internationalization in Higher Education: Theoretical, Strategic and Management Perspectives* (pp. 97-107). London; New York: Continuum.

18）Woodman, T. C., & Punteney, K. N. (2016) Graduate education in context: Preparing scholar-practitioners as future international education leaders. In B. Streitwieser & A. C.

Ogden (Eds.), *International Higher Education's Scholar-Practitioners: Bridging Research and Practice* (pp. 265-279). Oxford, UK: Symposium Books.

19）芦沢真五（2013）「持続可能な国際化を実現するために～大学国際化のための「ひと」「もの」「カネ」」『大学マネジメント』9(4), pp. 20-27.

20）太田浩（2011）「大学国際化の動向及び日本の現状と課題：東アジアとの比較から」『メディア教育研究』8(1), pp. S1-S12.

21）大塚雄作・夏目達也（2012）「教育担当副学長のリーダーシップに関する調査の基礎的分析 -国立大学教育担当副学長質問紙調査から-」『名古屋高等教育研究』12, pp. 25-51.

22）小山内優（2009）「国際的に通用する大学職員の養成と確保の考察」『大学マネジメント』5(8), pp. 12-20.

23）厚生労働省（2019）「雇用均等基本調査（女性雇用管理基本調査）」https://www.e-stat.go.jp/stat-search/files?page=1&toukei=00450281&tstat=000001051898（2021年2月28日閲覧）

24）夏目達也（2012）大学教育改革における大学執行部のリーダーシップの形成と発揮 -国立大学副学長を中心に-」『名古屋高等教育研究』12, pp. 5-24.

25）前田一之（2016）「組織文化と学長リーダーシップに関する実証的研究－全国国公私立大学の副学長アンケート調査結果から―」『大学論集』49, pp. 85-100.

26）両角亜希子（2019）『学長リーダーシップの条件』東信堂.

27）米澤由香子（2019）「包括的国際化と国際担当上級管理職 (Senior International Officers) の高まる需要：米国大学の視点から」『留学交流』94, pp. 32-46.

ABSTRACT

Human Resource Development of Senior International Officers: A Qualitative Comparison with Those in the United States

Yukako Yonezawa

(Tohoku University)

<Keywords: higher education / internationalization / management of internationalization / senior international officers / professionalization>

As the internationalization of universities becomes more complex and diverse, the professional development of senior international officers has become an important issue. The purpose of this article is to examine the development of human resources in the internationalization management of Japanese universities through an understanding of the profile of senior international officers and the reasons for their appointment. In particular, it addresses the factors which affect the appointment of senior international officers in order to discuss future challenges and prospects for the development of professional staff in charge of university internationalization. Data from a related survey of senior international officers in Japan was analysed in order to consider the research questions.

The analysis uses the framework of career path patterns of senior international officers in the US put forward by Raby & Valeau (2021). In the 1970s and 1980s, it was the norm in the US for presidents and other senior managers to designate individuals as senior international officers regardless of their interests or prior experience, in what Raby & Valeau term "unintentional" appointments. However, since the 2000s, as the management of university internationalisation has become more sophisticated, there has been an increase in the number of "intentional" appointments in which candidates for such positions are required to have gained the relevant experience and expertise. In this paper, the researcher classified respondents to the Japanese survey into "unintentional" and "intentional" patterns of appointment before conducting cross tabulation and multivariate analysis to examine the impact of various factors thought to influence motives for appointment.

The results revealed the following findings. First, there was a relationship between the presence or absence of experience working in the international education field prior to assuming a senior international officer position and motives for assuming the position. In particular, in the age group of 61 years and above, those who had experience in the field of international education prior to their appointment as senior international officers were more likely to adduce intentional factors in their appointment to the position. However, as there was no such clear difference in the 51-60 age group, a binomial logistic regression analysis was conducted which showed a negative effect for intentional factors among this age group. This result confirms that senior international officers in Japan tend to be appointed in their 50s for external reasons, such as designation by their superiors. Secondly, the more experience a person has in the field of international education prior to their appointment as a senior international officer, the greater the intentional motivation for the appointment. The results led to the conclusion that in order to increase the number of intentional appointments of senior international officers who support the advancement of internationalization management, it is important to establish a concrete framework to systematically develop those who begin to gain experience in the field of international education at a relatively young age as candidates for future senior management positions, as well as to nurture an organizational culture that supports such a framework.

日本人学生の海外留学における
大学階層間格差の実態とその推移

太田　知彩
（名古屋大学大学院・日本学術振興会特別研究員）

〈キーワード：海外留学／大学の国際化／留学の大衆化／大学階層間格差〉

1. 問題の所在

　本稿の目的は，日本人学生の海外留学（以下，留学）における大学階層間格差の実態とその推移を明らかにすることである。

　経済活動のグローバル化や高等教育の国際化を背景として，留学者数が急増している。OECD（2020）によれば，高等教育段階における世界の留学者数は1998年時点では220万人であったが，2018年には560万人に達している。

　一方，日本人の学位取得を目的とした長期留学者数は2004年をピークに減少傾向にあったことから，2000年代後半には若者の内向き志向が問題化した（小林2017）。これを受け，日本社会では「グローバル」の人材育成が急務とみなされ，2000年代後半から現在にかけて，数値目標の設定や奨学金制度の拡充，さらには競争的資金を通じた大学国際化の重点支援など，とくに日本人学生の留学促進に関する政策が立て続けに打ち出された（工藤ほか2014）。その結果，近年では日本国内の大学に在籍する日本人学生の1年未満の短期留学，なかでも1週間から1ヵ月程度の「超短期留学」が急増している（Shimmi & Ota 2018）。2020年度こそ新型コロナウイルス感染症の拡大により激減したものの，文部科学省（2020）によれば，2009年度から2018年度にかけて，1年未満の留学者数は35,181人から112,425人へ，そのうち1ヵ月未満の留学者数は16,873人から76,545人にまで急増している。

こうした留学者数の増加について，欧米諸国や東アジアの研究では，留学はグローバル化時代のエリート層の再生産戦略として位置づけられ，「誰が留学できるのか」という観点から格差の拡大が問題視されてきた（Brooks & Waters 2013）。その一方で，日本の留学研究者や留学支援者の間では，「エリートからマスへ」という意味での「留学の大衆化」言説が共有されてきた（石附1989，横山2014，金子2014，芦沢2018など）。古くは1980年代においてすでに石附（1989, pp.37-38）が，近代国家形成を目的とした「知的エリート群」の留学と対比させて，20世紀半ば以降は「もはや特定の階層に限られることなく，広く大衆レベルのものとなって一般化」した「留学大衆化の時代」になったと指摘している。このような認識は留学の短期化とともに強まっており，たとえば，芦沢（2018）は，留学の大衆化や多様化によって，それまで留学を志向しなかった学生層にも留学機会が提供されるようになると述べている。このように，時代や論者によって指示対象や論調は微細に異なるものの，日本社会において留学者数の増加は「留学の大衆化」と結びつけられて認識されてきた。

　しかしながら，これらの論考は実証分析というよりは私論としての性格が強く，「留学の大衆化」を裏付ける実証的な知見を提出しているわけではない。唯一，小林（2017）が留学者数に関する複数の統計を根拠に，内向き志向の根拠とされた高学力・高所得のエリート層が中心となる長期留学は減少している一方で，主として国内大学に進学した非エリート層が中心となる1ヵ月未満の留学者数は一貫して増加していることを指摘しているが，具体的にその増加の内実を検討しているわけではない[1]。だが，政府の競争的資金は特定の有力大学に配分される傾向にあり，嶋内（2014）も指摘しているように，大学国際化の重点化政策は学生が所属する大学によって留学機会の格差を拡大させている可能性がある。そのため，実際に国内大学進学者の短期留学は非エリート層が中心となっているのかについては検討の余地がある。とりわけ，近年では「グローバル人材」という規範的な人材像を根拠に留学が促進されており，留学研究者の間でも留学の「効果」に注目が集まりつつあることを踏まえれば[2]（横田他2018），留学機会の格差は留学後の地位達成における不平等の拡大にもつながる問題でもある。だとすれば，「留学の大衆化」を自明視するのではなく，まずは留学機会が誰に開かれているのか，そしてそこにはいかなる格差が存在しているのかを実証的に明らかにする

必要があるのではないか。

　以上を踏まえ，本稿では，日本人学生の留学をめぐる留学機会の大学階層間格差の実態とその推移を分析していく。本稿の構成は以下の通り。次節では分析に用いるデータの概要を示す。続く3節では留学の基礎的な動向を確認したうえで，留学の実態とその推移を大学階層間格差に着目して分析していく。最後に4節で知見を整理する。

2. データの概要

　分析には，独立行政法人日本学生支援機構（以下，JASSO）が実施している「協定等に基づく日本人学生留学状況調査」（以下，「留学状況調査」）のデータを用いる。「留学状況調査」は，JASSOが文部科学省所管の独立行政法人として設立された2004年度から現在にかけて，毎年日本国内すべての高等教育機関を対象に実施している調査であり，日本国内の高等教育機関に在籍する日本人学生のうち，諸外国の大学等との学生交流に関する協定等に基づき，教育や研究活動，異文化体験等の各種プログラム参加を目的として海外の大学等で留学を開始した者の総数とその内実を調査・公表している。「留学状況調査」の結果は文部科学省が公表する「日本人の海外留学状況」や多くの留学研究者から参照されており，現在の日本において最も代表性があり，かつ，大学単位で留学者数を尋ねている唯一の全数調査であるといえる。ただし，留学期間別・留学先の地域別・男女別・専攻分野別にみた留学者数と，留学者数が多い上位20大学の大学名とが公表されているものの，これを格差という観点から詳細に検討した調査・研究は存在しない。そこで本稿では，JASSOから大学レベルの個票データの提供を受け，そのデータを分析に用いる。分析対象期間は2004年度から現在にかけてとする。この時期は日本人の学位取得を目的とした長期留学者数が減少に転じたことを一要因として日本国内の大学国際化の機運が高まり，政府が日本人の留学促進や海外大学との学生交流の必要性を強く認識するようになった時期である（工藤ほか2014）。

　なお，「留学状況調査」は大学単位の調査であるため，本稿では各大学の留学者数を当該大学における留学機会の充足度を示す指標として捉える。もちろん，

協定等の留学プログラムが存在するにもかかわらず，参加する学生が存在しないといったケースは想定されるため，本稿で言及する留学機会とは，厳密に大学で提供されている留学プログラムの数量ではなく，在籍する学生のニーズに合う留学プログラムという意味での留学機会である。また，「留学状況調査」における留学者数はあくまでも在籍大学把握分である。そのため，とくに協定等に基づかない留学については，大学の把握体制によって，その認知度が大きく異なる可能性がある。そこで分析には協定等に基づいた留学のデータのみを用いる。協定等に基づいた留学に関しても，大学の把握体制によって誤差が生じている可能性があることは否定できないが，こうしたデータの制約を理解したうえで分析を進めていく。

3. 分析結果

3.1. 留学機会の基礎的分析

　はじめに，おおまかな留学動向を確認する。図1・2は，大学の設置形態別に，とくに量的規模の大きい「1ヵ月未満」と「6-12カ月」，および「合計」の一大学当たりの平均値とその推移をみたものである。ただし，公立大学については相対的に規模が小さく[3)]，また，管理・運営の個別性が高いため，以下では分析対象から除外した。

図1　一大学当たりの平均値（国立）

図2　一大学当たりの平均値（私立）

まず，国立大学について（図1），「合計」をみるとこの10年程度で急増しており，2004年度には26.0人だったのが2016年度には162.0人にまで達している。この主な背景は「1ヵ月未満」の増加であり，2000年代は10人前後で推移していたにもかかわらず，2010年度を境に増加率が上昇し，2016年度には107.4人にまで増加している。また，「1ヵ月未満」ほどではないが，「6-12カ月」についても2010年代に入るとゆるやかに増加傾向にあり，2016年度には24.5人となっている。

　私立大学もおおむね同様の傾向を示しており（図2），2010年度以降，とくに「1ヵ月未満」の急増と「6-12カ月」の漸増により「合計」も増加している。ただし，2016年度時点で「1ヵ月」「6-12カ月」「合計」はそれぞれ58.7人，18.0人，107.1人となっており，いずれも同時点の国立大学の5-7割程度にとどまっている。したがって，大学数の違いを踏まえれば日本社会全体における留学機会の量的規模の拡大は私立大学を中心に進んだといえるものの，一大学当たりの平均値でみれば国立大学の方が高くなっていることがわかる。

　続いて，このような留学機会の拡大が一部の特定の大学に偏っているのか，それとも全体的な動向として生じているのかを，ばらつきの程度の大きさを示す変動係数を用いて確認していく。以下の分析では，変動係数の値が大きいほど留学者の在籍している大学が一部の大学に偏っていることを示す。ただし，変動係数には絶対的な基準があるわけではなく，基本的には数値の変化や比較に着目して解釈することが多い。

　図3・4は，国立大学と私立大学それぞれについて，「1ヵ月未満」「6-12カ月」

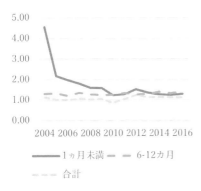

図3　留学機会の変動係数（国立）

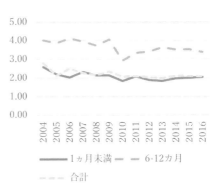

図4　留学機会の変動係数（私立）

「合計」の留学機会の変動係数とその推移を示したものである。

　まず，国立大学について（図3），「1ヵ月未満」は2004年度の4.54から2016年度の1.29へと減少，「6-12ヵ月」は1.29から1.39へと微増しているものの1.3前後で安定，「合計」は2004年度の1.13から2010年度の0.86にかけて減少傾向にあったものの，それ以降はわずかに増加しており，2016年度は1.10と2004年度と同水準に戻っている。したがって，「6-12ヵ月」と「合計」については大きな変化はみられないものの，「1ヵ月未満」の留学機会の拡大は一部の特定の大学によって引き起こされたというわけではなく，相対的に多数の大学において留学機会の拡大が進められたことによるものといえる。

　一方，私立大学についてみると（図4），国立大学と比較して全体的に変動係数の値が高くなっている。とくに，「6-12ヵ月」は3-4程度で推移しており突出して高い。ただし，全体的に変動係数の値は減少傾向にあり，「1ヵ月未満」は2004年度の2.58から2016年度の2.04へ，「6-12ヵ月」は4.02から3.38へ，「合計」は2.80から2.09へと減少している。

　したがって，国立大学と比較すると，私立大学ではとくに「6-12ヵ月」の留学機会が一部の大学に偏っているものの，全体的にそのばらつき自体は小さくなっていることから，より多くの大学において留学機会の拡大が進みつつあることがわかる。

3.2. 留学機会の大学階層間格差の分析

　ここまでの分析から，留学機会は拡大傾向にあり，またそれは一部の大学に限られた傾向ではないことを確認してきた。ただし，これらの結果は必ずしも大学階層間格差の縮小を意味するものではない。たとえば，特定の大学階層においてのみ留学機会が拡大したことによって，全体としての留学機会の拡大および標準化が進んでいる可能性が考えられる。

　そこで，先に確認した留学機会拡大の背後要因を明らかにするために，以下では大学階層間格差に着目して分析していく。具体的には，国立大学と私立大学を大学階層という観点からいくつかのグループに分類し，それぞれの増加傾向を検討していく。国立大学については，吉田（2002）の国立大学類型をもとにした長谷川・内田（2014）の分類を，私立大学については金子（1996）の分類を参照した。

前者は,国立大学の歴史的経緯と国立大学法人化後の実情を反映したものであり,旧帝大等の「A群」,医学部を併設した新制の総合大学・複合大学である「B群」,その他の医学部のない複合大学や単科大学等の「C群」の3つに分類した。後者は,私立大学を設置年度や発展過程に注目して5つに類型化したものであり,高等教育の量的拡大が始まる直前の1960年時点ですでに設置されていた第1世代大学のうち,関東・関西の大規模大学を「中核大学」,1992年時点で在学者数が4千人以上の中から大規模大学を「周辺大学」,女子大や医歯薬系など特殊な需要に対応して発展してきた大学を「ニッチ大学」とし,1960年から1970年代半ばに設置された大学を「第2世代大学」,1970年代半ば以降に設置された大学を「第3世代大学」として分類している。本稿ではこれらの分類を日本の大学における階層関係を安定的に示した分類として位置づける。

　はじめに,国立大学における留学機会の大学階層間格差の実態を検討する。表1は,各群内における一大学当たりの留学機会の平均値とその推移を示したものである。

　まず,A群をみると2004年度時点で「合計」が71.2人,「1カ月未満」が6.20人,「6-12カ月」が45.6人となっており,その大半を「6-12カ月」の留学が占めていた。ところが,2010年度を境にとくに「1ヵ月未満」は急増しており,2016年度には2004年度の54.6倍の338.6人にまで達している。これに伴い,「合計」も増加しており2016年度には528.5人にまで達している。一方で「6-12カ月」は,2009年度までは35人前後で下げ止まりしていたものの,2016年度には80.0人と2004年度の1.75倍にまで増加している。

表1　大学階層別にみた一大学当たりの留学機会の平均値（国立）

		2004	2005	2006	2007	2008	2009	2010	2011	2012	2013	2014	2015	2016
A群	1ヵ月未満	6.2	12.3	20.4	18.8	35.6	45.7	46.5	132.0	160.1	183.5	245.2	274.2	338.6
	6-12カ月	45.6	32.8	35.1	36.5	34.5	33.5	39.4	49.5	60.2	62.8	68.9	62.3	80.0
	合計	71.2	66.0	137.3	78.3	93.6	103.6	119.5	227.1	280.9	313.5	397.4	447.7	528.5
B群	1ヵ月未満	1.1	7.7	9.4	13.4	19.5	19.1	31.3	47.9	71.8	77.0	95.9	106.4	118.1
	6-12カ月	13.9	8.5	10.2	10.2	10.5	11.3	11.6	12.6	15.6	15.9	19.5	19.5	20.9
	合計	18.0	22.0	40.0	32.7	38.4	39.9	53.0	83.3	103.6	107.9	133.7	146.3	163.2
C群	1ヵ月未満	1.7	3.7	5.0	5.6	6.9	6.1	10.2	19.4	23.9	26.0	41.1	51.0	44.4
	6-12カ月	15.1	10.9	10.2	7.9	7.9	8.0	9.4	9.8	7.4	11.6	11.9	13.0	13.8
	合計	20.7	18.8	38.9	18.5	19.8	19.8	27.6	39.4	45.0	49.8	68.0	80.1	73.9

次にB群について確認する。2004年度時点で「合計」が18.0人，そのうち「1ヵ月未満」が1.1人，「6-12カ月」が13.9人となっている。2004年度以降もおおむねA群と同様の傾向にあり，2016年度には「1ヵ月未満」は107.7倍の118.1人，「6-12カ月」は1.5倍の20.9人，「合計」は9.1倍の163.2人にまで増加している。

C群をみると，2004年度では「合計」は20.7人，「1ヵ月未満」は1.7人，「6-12カ月」は15.1人となっている。これが2016年度には，「6-12カ月」こそ2010年度に減少から増加へと転じて13.8人に留まっているものの，「合計」は73.9人，「1ヵ月未満」は44.4人，「6-12カ月」は13.8人にまで増加している。ただし，2004年度比でみると，「1ヵ月未満」と「合計」はそれぞれ26.1倍，3.6倍となっており，A群とB群よりも相対的に変動の幅は小さい。つまり，留学機会の増加率という観点からすれば，A群とB群に対してC群の増加率は小さいため，留学機会の大学階層間格差は拡大していると理解できる。

ここまで検討してきた留学機会の大学階層間格差の推移をより明確にするために，各年度でC群を基準としたときの比率とその推移を確認する（表2）。まず，A群とC群の関係をみると，2004年度時点の「1ヵ月未満」はC群の3.6倍，「6-12カ月」はC群の3.0倍，「合計」が3.4倍となっており，いずれも3-3.5倍程度であったことがわかる。ところが，2016年度には，「1ヵ月未満」はC群の7.6倍，「6-12カ月」はC群の5.8倍，「合計」はC群の7.1倍にまで達している。つまり，A群とC群における留学機会の階層間格差は大幅に拡大しているのである。

次に，B群とC群の関係について検討する。2004年度時点では，「1ヵ月未満」はC群の0.6倍，「6-12カ月」と「合計」はそれぞれC群の0.9倍となっており，

表2　各年度でC群を基準としたときの留学機会の比率とその推移（国立）

		2004	2005	2006	2007	2008	2009	2010	2011	2012	2013	2014	2015	2016
1ヵ月未満	A群	3.6	3.3	4.1	3.3	5.2	7.5	4.6	6.8	6.7	7.1	6.0	5.4	7.6
	B群	0.6	2.1	1.9	2.4	2.8	3.1	3.1	2.5	3.0	3.0	2.3	2.1	2.7
	C群	1.0	1.0	1.0	1.0	1.0	1.0	1.0	1.0	1.0	1.0	1.0	1.0	1.0
6-12カ月	A群	3.0	3.0	3.4	4.6	4.4	4.2	4.2	5.1	8.2	5.4	5.8	4.8	5.8
	B群	0.9	0.8	1.0	1.3	1.3	1.4	1.2	1.3	2.1	1.4	1.6	1.5	1.5
	C群	1.0	1.0	1.0	1.0	1.0	1.0	1.0	1.0	1.0	1.0	1.0	1.0	1.0
合計	A群	3.4	3.5	3.5	4.2	4.7	5.2	4.3	5.8	6.2	6.3	5.8	5.6	7.1
	B群	0.9	1.2	1.0	1.8	1.9	2.0	1.9	2.1	2.3	2.2	2.0	1.8	2.2
	C群	1.0	1.0	1.0	1.0	1.0	1.0	1.0	1.0	1.0	1.0	1.0	1.0	1.0

いずれもC群より小さい。だが，2016年度になると，「1ヵ月未満」はC群の2.7倍，「6-12カ月」はC群の1.5倍，「合計」はC群の2.2倍となっていることから，B群とC群における留学機会の階層間格差がとくに「1ヵ月未満」において顕著に拡大しているのである。

　続いて，私立大学における留学機会の大学階層間格差の実態を検討する（表3）。全体の傾向として，いずれの大学群においても留学機会は拡大傾向にある。ただし，国立大学と同様に，その増加率には差異がみられた。ただし，ニッチ大学，第2世代大学，第3世代大学については大まかには類似の傾向を示しているため，紙幅の都合上，以下では，中核大学と周辺大学，および第3世代大学について最小限の範囲で言及する。

　まず，中核大学をみると，2004年度から2016年度にかけて，「合計」は214.7人から1015.0人へと4.7倍に，「1ヵ月未満」は5.0人から543.4人へと108.7倍に，「6-12カ月」は126.7人から216.8人へと1.7倍増加している。周辺大学も同様に，2004年度から2016年度にかけて，「合計」は63.2人から212.3人へと3.4倍に，「1ヵ月未満」は15.0人から117.4人へと7.8倍に，「6-12カ月」は18.2人から38.4人へと2.1倍増加している。両者を比較すると，「1ヵ月未満」および「合計」の増加率は中核大学の方が高くなっているが，「6-12カ月」の増加率は周辺大学の方が高くなっている。

表3　大学階層別にみた一大学当たりの留学機会の平均値（私立）

		2004	2005	2006	2007	2008	2009	2010	2011	2012	2013	2014	2015	2016
中核大学	1ヵ月未満	5.0	104.8	135.2	210.4	192.4	125.5	145.8	248.8	334.4	391.4	400.1	463.0	543.4
	6-12カ月	126.7	97.0	134.0	132.5	132.1	149.0	81.6	193.4	190.4	235.9	206.6	217.9	216.8
	合計	214.7	347.1	561.8	489.4	475.6	456.9	496.3	669.3	757.0	864.0	888.1	900.7	1015.0
周辺大学	1ヵ月未満	15.0	52.6	62.5	62.8	64.8	54.4	69.6	93.6	110.3	98.3	116.6	111.6	117.4
	6-12カ月	18.2	19.1	19.7	20.3	18.8	19.4	20.2	21.7	23.9	21.9	26.8	27.2	38.4
	合計	63.2	95.8	159.6	114.1	112.2	106.1	128.1	150.6	171.5	162.3	182.9	184.7	212.3
ニッチ大学	1ヵ月未満	4.8	6.4	12.9	16.7	21.6	17.9	24.7	27.3	29.0	30.2	27.2	27.7	31.8
	6-12カ月	14.4	12.2	10.4	10.8	12.5	10.1	11.0	12.4	13.3	12.5	12.3	12.4	11.6
	合計	32.3	32.3	58.4	39.9	47.1	40.2	47.8	53.7	56.9	59.5	55.2	54.5	55.8
第2世代大学	1ヵ月未満	11.4	15.2	18.5	18.0	19.7	18.6	21.4	25.1	28.6	29.9	33.8	32.8	36.5
	6-12カ月	18.8	12.1	11.6	10.4	10.8	12.2	9.2	8.8	10.4	10.6	10.9	11.4	6.9
	合計	43.5	44.3	78.2	44.6	46.4	47.5	47.9	52.2	58.9	59.8	69.4	69.4	76.1
第3世代大学	1ヵ月未満	3.3	13.0	14.2	9.4	11.0	11.5	15.9	21.5	28.0	32.7	28.5	28.3	31.2
	6-12カ月	6.6	5.0	5.4	4.9	4.7	5.6	4.4	5.1	5.9	6.4	7.0	6.8	7.6
	合計	15.0	24.3	32.0	21.3	22.1	24.9	30.2	36.7	44.4	49.6	45.7	46.1	49.0

これらに対して，第3世代大学をみると，いずれも増加傾向にはあるものの，2004年度から2016年度にかけて「1ヵ月未満」は9.45倍，「6-12カ月」は1.2倍，「合計」は3.3倍にとどまっている。つまり，第3世代大学に対して，「1ヵ月未満」は中核大学の増加率が，「6-12カ月」は中核大学と周辺大学の増加率が高くなっていることから，私立大学においてもこれらの留学機会の大学階層間格差は拡大していると理解できる。

　表4は，各年度で第3世代大学を基準としたときの留学機会の比率とその推移を示したものである。まず，「1ヵ月未満」をみると，周辺大学，ニッチ大学，第2世代大学は減少傾向にあり，とくに2010年代に入るとニッチ大学と第2世代大学との階層格差はほとんど確認できない。その一方で，中核大学については2004年度の1.5倍から2016年度の17.4倍へと大幅に増加しており，とくに中核大学とその他の大学との間で留学機会の階層間格差が拡大していると理解できる。また，周辺大学については縮小の幅は小さく4.0倍程度の差が維持されていることから格差構造は依然として維持されているといえる。

　続いて「6-12カ月」をみると，中核大学，ニッチ大学，第2世代大学については「1ヵ月未満」と同様の傾向が確認された。つまり，中核大学は増加傾向にあり，ニッチ大学と第2世代大学については減少傾向にある。ただし，周辺大学については，2004年度には第3世代大学の2.8倍だったのに対し，2016年度には5.0

表4　各年度で第3世代大学を基準としたときの留学機会の比率とその推移（私立）

		2004	2005	2006	2007	2008	2009	2010	2011	2012	2013	2014	2015	2016
	中核大学	1.5	8.1	9.5	22.3	17.4	10.9	9.2	11.6	11.9	12.0	14.0	16.4	17.4
	周辺大学	4.6	4.1	4.4	6.7	5.9	4.7	4.4	4.4	3.9	3.0	4.1	3.9	3.8
1ヵ月未満	ニッチ大学	1.5	0.5	0.9	1.8	2.0	1.6	1.6	1.3	1.0	0.9	1.0	1.0	1.0
	第2世代大学	3.5	1.2	1.3	1.9	1.8	1.6	1.3	1.2	1.0	0.9	1.2	1.2	1.2
	第3世代大学	1.0	1.0	1.0	1.0	1.0	1.0	1.0	1.0	1.0	1.0	1.0	1.0	1.0
	中核大学	19.2	19.3	25.0	27.3	28.2	26.8	18.4	37.7	32.2	37.0	29.7	32.0	28.4
	周辺大学	2.8	3.8	3.7	4.2	4.0	3.5	4.6	4.2	4.0	3.4	3.9	4.0	5.0
6-12カ月	ニッチ大学	2.2	2.4	1.9	2.2	2.7	1.8	2.3	2.4	2.2	2.0	1.8	1.8	1.5
	第2世代大学	2.9	2.4	2.2	2.1	2.3	2.2	2.1	1.7	1.8	1.7	1.6	1.7	0.9
	第3世代大学	1.0	1.0	1.0	1.0	1.0	1.0	1.0	1.0	1.0	1.0	1.0	1.0	1.0
	中核大学	14.3	14.3	17.6	22.9	21.5	18.3	16.4	18.2	17.1	17.4	19.4	19.6	20.7
	周辺大学	4.2	3.9	5.0	5.4	5.1	4.3	4.2	4.1	3.9	3.3	4.0	4.0	4.3
合計	ニッチ大学	2.2	1.3	1.8	1.9	2.1	1.6	1.6	1.5	1.3	1.2	1.2	1.2	1.1
	第2世代大学	2.9	1.8	2.4	2.1	2.1	1.9	1.6	1.4	1.3	1.2	1.5	1.5	1.6
	第3世代大学	1.0	1.0	1.0	1.0	1.0	1.0	1.0	1.0	1.0	1.0	1.0	1.0	1.0

倍にまで達しており，多少の変動はあるものの増加傾向にある。したがって，「6 - 12カ月」は中核大学・周辺大学とその他の大学との間で留学機会の階層間格差が拡大しているといえる。

最後に「合計」をみると，周辺大学は若干の増減はあるものの4.0倍前後で推移，ニッチ大学は2004年度の2.2倍から2016年度の1.1倍へ，第2世代大学は2.9倍から1.6倍へと半数程度にまで減少している。その一方で，中核大学は19.2倍から2016年度の20.7倍へと増加している。したがって，「合計」はとくに中核大学と他の大学との間で階層間格差が拡大しているといえる。

4. 考察と結論

本稿では，日本人学生の留学における大学階層間格差の実態とその推移を検討した。主な知見は次の通りである。第一に，2010年度を境に，国立・私立大学ともに「1ヵ月未満」の急増により「合計」の留学機会も増加している（図1・2）。第二に，変動係数をみると，国立大学では「6 - 12カ月」と「合計」には大きな変化はみられないものの，「1ヵ月未満」は減少傾向にあった（図3）。私立大学では全体的に国立大学よりも変動係数の値が大きくなっているものの，「1ヵ月未満」「6 - 12カ月」「合計」のいずれにおいても減少傾向にあった（図4）。つまり，私立大学は国立大学と比較すると偏りが大きいものの，国立・私立ともにより多くの大学で留学機会が拡大しつつある。第三に，大学階層間格差について，国立大学では「1ヵ月未満」「6 - 12カ月」「合計」のいずれもA群＞B群＞C群という関係において階層間格差が存在し，さらにそれは拡大傾向にあった（表1・2）。私立大学では一部階層間格差の縮小も確認されたものの，「1ヵ月未満」と「合計」は中核大学とその他の大学との間で，「6 - 12カ月」は中核大学・周辺大学とその他の大学との間で留学機会の大学階層間格差が拡大していた（表3・4）。

以上から，とくに2010年代以降，国立・私立大学ともに日本人学生の留学機会の大学階層間格差が拡大傾向にあることがわかる。こうした背景の一つには，一連の大学国際化政策の影響があると考えられる。工藤ほか（2014）が整理しているように，2000年代後半以降，日本政府は「留学生交流支援制度」や「大学の世界展開力強化事業」，「グローバル人材育成戦略」や「グローバル人材育成推

進事業」といった大学の国際化政策を次々と展開し，日本人学生の留学を推進して
きた。そしてこれらの政策では，競争的資金を通じて，A群の国立大学や中核
大学の私立大学に重点的に支援される傾向にある。たとえば，2012年に開始さ
れた「グローバル人材育成促進事業」は，大学教育のグローバル化推進を目指す
事業に対して重点的な財政支援を行うことを目的としており，「全学推進型」11
大学と「特色型」31大学が採択されている。この事業を通じて5年間で合計約6
万人の学生が海外大学に留学することとなったが，これらの採択大学はA・B群
の国立大学や中核・周辺大学の私立大学が大半を占めている。また，日本の大学
の国際競争力強化と優れた人材育成を目的に2014年に開始された「スーパーグ
ローバル大学創成支援」においても，採択された「トップ型」10大学と「グロ
ーバル化牽引型」24大学には，A群の国立大学や中核大学の私立大学が数多く
含まれている。こうした動向を踏まえれば，留学機会の拡大を目指した一連の大
学国際化政策が，留学機会の大学階層間格差を助長していると考えられる。な
お，留学機会の拡大に伴い，変動係数の値が一部縮小したのは，高階層大学のな
かで留学機会が拡大したことで全体としての標準化が進んだことによるものであ
ろう。

　これまで，日本の留学研究者や留学支援者の間では，エビデンスを欠いている
にもかかわらず，「留学の大衆化」言説が共有されてきた。とくに日本人学生の(超)
短期留学は，近代国家形成を目的とした明治期の留学や学位取得型の長期留学と
比べて，大衆化や平等な機会提供と結びつけられやすい。こうした「留学の大衆
化」言説は，結果的に日本人学生の留学をめぐる格差の存在を隠蔽する機能を果
たし，2010年代に入り立て続けに実行された大学の国際化・グローバル人材政
策と相まって留学機会の拡充に寄与したかもしれない。

　しかし，本稿の分析が明らかにしたように，(超)短期留学の増加は大衆化を
意味しておらず，一連の大学国際化政策を背景として留学機会の大学階層間格差
はむしろ拡大している。むろん，大学の機能別分化という観点からすれば，留学
機会に大学間の差があること自体は必ずしも問題ではないものの，留学促進をめ
ぐる議論では，ともすれば「留学するべきである」という規範が先行し，「留学
者数の増加」が政策目標・評価枠組みのドミナントな基準となりがちであった。
2020年度のコロナ禍における9月入学への移行を問う議論で「留学者数の増加」

が重要な争点となったのはその一例である。一方で，留学がグローバル人材育成という産業界からの要請に基づいて促進されていることを踏まえると，留学機会の大学階層間格差の拡大はその後の地位達成における不平等の拡大にもつながりうる。したがって，単純な留学者数の増減のみをもって政策を策定・評価するのではなく，まずは留学の実態を丁寧に把握し，留学促進の社会的帰結を格差の拡大という負の側面も含めて多角的に捉えていく必要がある。

　本稿は紙幅の都合もあり，日本人学生の留学をめぐる格差の一端を明らかにしたにすぎないが，「留学の大衆化」という認識が幅広く共有されてきたことを踏まえれば，本稿の試みは一定の意義がある。ただし，冒頭に述べたように，新型コロナウイルス感染症の拡大は留学動向を一変させた。感染症終息後は，留学機会を提供するに足る財力・体力のある一部の高階層大学のみが留学機会を提供するようになることも考えられる。今後は分析期間の拡大や量的変化の社会的背景をより丁寧に分析していくことを課題としたい。

【付記】

　二次分析に当たり，独立行政法人日本学生支援機構から「協定等に基づく日本人留学状況調査」（2004 年度〜 2016 年度）の大学レベルの個票データの提供を受けました。また，本研究は JSPS 科研費 21J15459 の助成を受けたものである。

【注】
1）ただし，小林（2017）は続けて短期留学が格差化する可能性を示唆しており，別稿では日本人の海外留学における社会的選抜性の有無を実証的なデータをもとに検証することの必要性を主張している（小林2019a）。
2）横田ほか（2018）の調査は調査対象者の選定が無作為抽出ではない点や，対象者の出身階層や学力などの統制変数が考慮されていない点など多くの課題があり，留学の効果を因果論的に説明しているとは言い難い。また，短期留学経験の有無と就労後の所得上昇との関連を否定する研究も存在する（小林2019b）。
3）公立大学における2016年度の総数は，それぞれ「1 ヵ月未満」が2045人，「6-12 ヵ月」が495人，「合計」が3151人となっている。

【参考文献】
1）芦沢真五（2018）「実践編Eポートフォリオ学習成果分析と世代間交流〜 GJ5000 プロジェクトと『留学のすすめ.jp』〜」横田雅弘・太田浩・新見有紀子編『海外留学がキャリアと人

材に与えるインパクト―大規模調査による留学の効果測定』学文社，pp.236-258.

2 ）Brooks, R., & Waters, J. (2013) *Student Mobilities, Migration and the Internationalization of Higher Education, Basingstoke, UK: Palgrave Macmillan.*

3 ）石附実（1989）「留学大衆化の時代」『教育と医学』37(7): pp.33-45.

4 ）長谷川哲也・内田良（2014）「知の格差―電子化時代の大学図書館における図書資料費の変動」『教育社会学研究』第94集，pp.259-280.

5 ）金子元久（1996）「高等教育大衆化の担い手」『学習社会におけるマス高等教育の構造と機能に関する研究』放送教育開発センター，pp.37-59.

6 ）金子元久（2014）「留学の新段階」『IDE　現代の高等教育』558, pp.4-11.

7 ）小林元気（2017）「若年層の『内向き』イメージの社会的構成プロセスと海外留学の変容」『留学生教育』第22号，pp.59-68.

8 ）小林元気（2019a）「高等教育段階の留学をとらえる教育社会学の理論的転機―日本への示唆」『大學教育研究』第27号，pp.9-26.

9 ）小林元気（2019b）「日本人学生の留学経験は就労後の所得を高めるか―大学教育における留学の意義再考」『大学教育学会誌』第41巻第1号，pp.97-106.

10）工藤和宏・上別府隆男・太田浩（2014）「日本の大学国際化と留学生政策の展開」『日韓大学国際化と留学生政策の展開：日本私立大学協会付置私学高等教育研究所研究プロジェクト報告書』pp.13-52.

11）文部科学省（2020）「『外国人留学生在籍状況調査』及び『日本人の海外留学者数』等について」https://www.mext.go.jp/content/20200421-mxt_gakushi02-100001342_1.pdf（2021年2月22日閲覧）。

12）OECD（2020）*Education at a Glance 2020: OECD Indicators, OECD Publishing, Paris.*

13）嶋内佐絵（2014）「グローバル人材育成と大学の国際化に関する一考察」『横浜市立大学論叢　人文科学系列』66(1): pp.109-126.

14）Shimmi, Y. & Ota, H. (2018) "Super-Short-Term Study Abroad on Japan: A Dramatic Increase", *International Higher Education*, 94, pp.13-15.

15）横田雅弘・太田浩・新見有紀子編（2018）『海外留学がキャリアと人材に与えるインパクト―大規模調査による留学の効果測定』学文社。

16）横山晋一郎（2014）「当世留学生事情」『IDE 現代の高等教育』558: pp.12-17.

17）吉田文（2002）「国立大学の諸類型」『国立学校財務センター研究報告』第6号，pp.183-193.

ABSTRACT

Disparity Trends in Study Abroad Opportunities According to University Status

Kazusa Ota

(Graduate student, Nagoya University/ Research Fellow of Japan Society for the Promotion of Science)

<Keywords: Study Abroad / Internationalization of Higher Education / Massification of Study Abroad / Disparity according to university status>

This paper aims to examine the disparity trends in study abroad opportunities according to university status.

With the globalization of economic activities and internationalization of higher education, the number of students studying abroad is increasing rapidly worldwide. In contrast, the number of long-term Japanese study abroad students is declining, and since the latter half of the 2000s, young people's inward orientation has been viewed as problematic. In response to this situation, the government has continuously launched policies encouraging Japanese students to study abroad and develop "global human resources." Consequently, the number of Japanese students enrolled in Japanese universities who participate in short-term study abroad programs of less than one year, especially super-short-term study abroad programs of one week to one month, has increased rapidly in recent years.

Regarding this increase in the number of study abroad students, research in Western countries and East Asia has regarded study abroad as a strategy of status attainment for the elite in the age of globalization, and the disparity in study abroad opportunities has been regarded as a problem from the perspective of social reproduction. However, despite a lack of evidence, the "massification of study abroad" discourse has been shared by Japanese researchers and study abroad supporters. Therefore, there have been few studies that link the increase in the number of study abroad students to a widening disparity in study abroad opportunities within Japan. Nevertheless, the recent policy of prioritizing higher education internationalization may exacerbate the disparity in study abroad opportunities depending on the university to which the student belongs. Therefore, this paper analyzed disparity and its change over time in study abroad opportunities according to university status, focusing on large-scale study abroad opportunities of "less than 1 month," "6-12 months," and "all term", using data on changes in the number of study abroad students from each university. The key findings are as follows.

First, the number of "all term" study abroad opportunities has increased since 2010 due to the rapid increase in "less than one month" opportunities at both national and private universities. Second, while private universities have a higher coefficient of variation in study abroad opportunities than national universities, differences in coefficient of variation tended to shrink overall. Therefore, the expansion of study abroad opportunities, both national and private, is not biased toward a few universities, but is expanding at a broader range of universities. Third, the disparity according to university status in all "less than 1 month," "6-12 months," and "all term" opportunities at national universities emerged, and this is growing. In the case of private universities, although it was confirmed that the disparity according to university status was partially reduced, there was a widening disparity in "less than one month," "6-12 months," and "all term" opportunities between some high-level universities and other universities.

Based on the foregoing, this paper contends that a series of policies governing internationalization of higher education promotes disparity in study abroad opportunities according to university status.

マーシャル諸島共和国の現代の社会科教育に関する予備的考察
—マーシャル独自の歴史教科書における日本に関する描写に焦点化して

川崎 典子
（宮崎大学）

〈キーワード：マーシャル諸島共和国／社会科教育／歴史教科書／ミクロネシア地域／学校教育〉

1. はじめに

　マーシャル諸島共和国は、ミクロネシア地域に属し、日本の委任統治領であった南洋群島の一部とされた時代を有する、日本との歴史的な関係の深い国である。それ故に、今泉（2014）などを始め、日本の委任統治時代のミクロネシア地域について述べた文献は日本に多く存在する。他方、日本における現代のミクロネシア地域に対する認知度は低く、核実験とその影響に関する平和学アプローチではない教育学アプローチからの現代のミクロネシア地域への理解を深める学術的研究については希少である。

　マーシャルは、ドイツの保護領から日本の委任統治領に移り、さらには、第2次世界大戦終結の1947年以降アメリカの太平洋信託統治領とされるという複雑な歴史を持つ。1979年の自治政府の設立を経て、1986年にアメリカとの「提携国家（associated state）[1]」（内政上の自治を有しながら安全保障上の権利を他国に委ねる自由連合国家）として独立した。その結果、現在も提携先のアメリカから財政的支援（いわゆるコンパクトマネー）[2] を受け、その財政的支援は、マーシャルの教育予算にも大きく割り当てられている。巨額の海外援助による経済的・精神的側面での大きな影響や、アメリカを中心とした海外に依存する社会のありかたを受け入れる姿勢を脱却するために、マーシャル的アイデンティティの再構

築を担う教育の意義が示唆されてきたが（渡辺, 2007, p.22）、2019年の教育予算を見ても、マーシャルの国庫からの拠出分が35％に対し、コンパクトマネーからの拠出分は34％、さらにアメリカの追加財政支援が17％という状況が続いている（World Bank, 2020, p.5）。

　こうして今なおアメリカの財政的支援に頼るマーシャルの学校教育においては、その根幹をなす教科書さえも概してアメリカ製に頼らざるをえない状況下にある。一方で、中等教育の社会科では、自国について焦点化して学ぶ「マーシャル学（Marshall Studies）」を設け、マーシャルの視点から書かれた教科書である *A Marshall Islands History* を導入している。この点に関連して、パラオ共和国の社会科教育を調査した玉井（2020, p.90）は、「米国製教科書の中では到底扱われることのないパラオ史を学習させるための創意工夫」として、中等教育で用いられるパラオ独自の教科書を通して、生徒が歴史、政治、経済、文化、地理の様々な側面から自国のことを深く学ぶ機会が提供されていることを明らかにした。これに類似した状況がマーシャルにも当てはまり、マーシャルの現代の社会科教育を理解する上で、マーシャル学で用いる *A Marshall Islands History* は注目すべきだろう。

　100年以上もの間諸外国の統治を受け、1986年の独立後からようやく国家独自の公教育システムを作ってきたマーシャルでは、自国の歴史観をどのように育成しているのか。特に、統治という形で外国との密接な関わりを持たざるを得なかったマーシャルで、その外国の一つである日本との歴史的関係が今日どう教えられ、その結果日本に対するマーシャル人の心象にどう影響しているのか。このような視点に立った学術的研究が求められている。しかしながら、日本の南洋群島統治という観点からミクロネシア地域について述べた今泉（2014）などや同時代の公立学校における地理教育を扱った寺本（1986）があるものの、マーシャルの現代の教育に関する研究は、渡辺（2005）やUNICEF（2017）など一般的概要を述べたものが散見される程度で、現代の社会科教育そのものを考察した文献となると見当たらない。そこで、本稿では、マーシャル教育・スポーツ・訓練省（Ministry of Education, Sports&Training, Republic of the Marshall Islands、以下、教育省）の公開資料と、同省職員に対するオンライン調査[3]から得た情報に基づき、マーシャルの学校教育における社会科の体系整理をする。そして、自国史に

特化して記述された社会科教科書である*A Marshall Islands History*の位置づけと概要について述べた上で、日本に関する描写に焦点化して、マーシャルの社会科教育において日本との関係性を学ぶ過程について考察を試みる。

2. マーシャルの学校教育の概要

2.1　学校教育の成立と変遷

　マーシャルの社会科教育について考察するに当り、教育省のウェブサイトを元に、同国の学校教育の概要を整理しておく（教育省ウェブサイト, online: mh/about/）。まず、学校教育の成立過程を概観すれば、次の通りである。

　1857年に22の環礁に設立されたキリスト教のミッションスクールが「学校（school）」と認められるマーシャル最初の学校と言える。それ以前には学校の形態を取らず、家族やコミュニティ単位での交流を介した大人から子どもへの知識や技術の伝承がされてきた。（日本統治時代には学校教育が全国的に制度化される一方で、）ミッションスクールは第2次世界大戦の開戦まで継続し、戦争によってその存在は消滅する。今日の学校の原形は、戦後にアメリカの信託統治領となってから導入されたと言えよう。1962年、10年生という学年を設けた中等学校の原形が作られ、毎年1学年ずつ加算された結果、1965年に中等教育を有する13年制が完成する。自治政府となる選択をした1979年にマーシャル独自の教育省を設け、国家として学校教育を運営するようになっていく。同時期の初等教育に着目すると、就学年齢の子どもを通わせる学校の拡充が急務となり、政府主導によらない地方自治体やコミュニティ主体の公立学校が島嶼全体に作られるようになっていく。初等教育の拡充はアメリカの盟約Compact Iによって後押しされ、2000年代には中等教育の拡充も重要視されるようになり、ついには、改訂版の盟約Compact IIによって2004年から2012年までに多くの学校の建設が実現する。2013年には教育省主導での公立学校の管理をPublic Law 2013-23として法制化し、教育省が自律的に学校を管轄する公立学校システム（Public School System）を確立した（*Marshall Islands Public School System Act 2013*, pp.5-10）。

2.2 現在の学校教育

2.1で述べたように、紆余曲折を経てマーシャルの学校教育は整備されてきた。2013年に法制化された公立学校システムでは、教育省が初等教育と中等教育における公立学校を管轄し、さらには私立学校についても、公立学校システムとは別に政府予算の配分や運営状況の管理をするようになった。現在のマーシャルの学校教育体系は表1の通りである。

2013年に法制化された公立学校システムによって5歳から18歳までの就学が義務付けられたことで、1年間の就学前教育を加えた初等教育および中等教育の13年間が義務教育とされる。なお、オンライン調査[4]によれば、3年生までの小学校の教授言語は主にマーシャル語で、4年生以降の教授言語には英語が導入されている。義務教育の大きな課題の一つに、8年生児童全員の学修到達度テストで認められる中等教育への進級という仕組みが、中等教育の就学率（総就学率で算出）を60％前後にとどめる柵になっている事実が挙げられる（*Education Statistics Digest - Version 2,* pp.(1)23-(1)25）。これについては、教育省の長期計画で「2019年までに9年生の就学率を80％に到達させる（*Meeting Learning Objectives for a Brighter Future: Strategic Plan 2017-2020,* p. 6）」ことを目指しつつ、13年間の義務教育に追加する形で、8年生から9年生の間に中等教育

表1　マーシャルの学校教育体系

教育レベル	教育年数	学校の名称	適正就学年齢
就学前教育	1 〜 3年間	保育園（プリスクール） 幼稚園	3 - 4歳 5歳
初等教育	8年間	小学校 （1年生〜 8年生）	6 - 13歳
中等教育の準備教育	1年間	小学校 （準9年生）	8年生の学修到達度テストの成績が進級には不十分とされた生徒のみ
中等教育	4年間	中学校 （9年生〜 12年生）	14 - 17歳
高等教育	4年間	短期大学および大学	18 - 21歳

出所：*Digest of Education Statistics 2018-2019* に基づき筆者作成

への進級に向けた準備期間となる準9年生（Pre-9で表示）を設けている。最近の統計上では、準9年生の存在が毎年350名前後の在籍人数として確認される（*Education Statistics Digest - Version 2*, pp.(6)17-(6)20）。教育省のカリキュラムには準9年生が存在せず、学習内容の明確な規定を知ることはできないが、オンライン調査[5]によれば、準9年生は所属する生徒の学習理解度に応じた8年生の復習に9年生の学習の一部が加味された学習内容で構成され、実際の指導内容は担当教員の裁量に任される。準9年生は小学校の延長線上で1年間学んだ翌年度から、学修到達度テストの再受験なしで中等学校の9年生に進級する。

3. 社会科の教科体系および歴史の教科書

3.1　マーシャルの教科一覧と社会科の学習内容

　マーシャルの学校教育については、教育省公表のカリキュラムを見る限り、算数、英語、マーシャル語、理科、社会科が就学前教育から導入され、中等教育まで継続されている（教育省ウェブサイト, online: mh/documents/reports）。ただし、就学前教育から初等教育の低学年にかけては、理科の内容が安全教育であったり、社会科の内容が身近な事柄の概念理解であったりする。3、6、8、10、12年生の段階で実施されるマーシャル独自の学修到達度テストでは、該当学年によるものの、算数、英語、マーシャル語、理科、社会科の試験が行われている。その他の科目には、初等教育から導入される保健体育、中等教育から導入されるテクノロジーがあり、加えて、中等教育での選択科目として情報技術、衣服や食物・栄養を扱う家庭科、会計や簿記を扱う経済学、自動車整備、木材加工、日本語が存在する。

　社会科に着目すると、文化、歴史、地理、公民と政治、経済という単元に分けられ、中等教育においては学年の段階ごとに太平洋地域、世界地理、世界史、政治（Government）と細分化して内容を深める仕組みになっている。さらには、中等教育の4年間にまたがって設定される「マーシャル学」が存在する。現段階では、4年生までの初等教育に特定の教科書は存在せず、担当教員の裁量による指導に委ねられており、5年生以降に教科書を用いた指導が行われている[6]。ただし、表2を見れば、社会科の授業では大洋州とミクロネシア地域を主題に、文化、

表2 社会科で使用する教科書

配当学年	単元	使用教科書名	出版社
5年生 （以降も使用）	全領域	*Micronesia: A Guide Through the Centuries* （アメリカの市民教育プログラムで実施される授業の中で副読本として用いられる）	Close Up Foundation （アメリカ）
6 - 7年生	全領域	*Pacific Neighbors*	Bess Press（アメリカ）
8年生	地理	*Exploring Our World*	McGraw-Hill（アメリカ）
9年生	太平洋地域学	*Pacific Nations & Territories*	Bess Press（アメリカ）
10年生	世界地理	*World Geography & Culture*	Glencoe （McGraw-Hillに合併）
11年生	世界史	*Human Heritage: A World History*	McGraw-Hill（アメリカ）
12年生	政治	*Civics* （*Constitution of the Marshall Islands*が副読本として用いられる）	Pearson （イギリスまたはアメリカ）
9 - 12年生	マーシャル学	*A Marshall Islands History* （各学年配当の科目とは別に設定される）	Bess Press（アメリカ）

出所：教育省のカリキュラムとFilimoni Kuricivi氏の回答で得た情報に基づき筆者作成

歴史、地理、公民と政治、経済の全領域からの視点で、自国を含めた近隣諸国について学ぶ時間が多いことが明白である。また、オンライン調査[7]によれば、教科設定は定かでないが、社会的市民権教育の位置づけで、中等教育の4年間の中で人権、男女平等、女性に対する暴力の根絶、核問題に関する学習を積み上げる仕組みが構築されており、現在はその教科書と教員用指導書の改訂が行われている。

3.2　マーシャルの社会科教科書 *A Marshall Islands History*

3.2.1 教科書の概要

*A Marshall Islands History*は、マーシャル語の*Etto ñan Raan Kein*の表題併記で、2012年に教育省主導で出版された教科書である。ハワイ大学で文化人類学の博士号を取得した非マーシャル人で現地に滞在した経験を持つJulianne M. Walsh氏[8]を筆頭著者に、教育省大臣を経て2016年にマーシャル初の女性大統領となったHilda C. Heine氏との共著で書かれている。序文等を除いた全13章の

本論に対して445頁が割かれている。

　本論では、第1章「歴史とアイデンティティ（History and Identity）」から先史時代に移り、捕鯨隆盛期など外国との交流がなかった時代が4章に渡って取り上げられる。第5章以降には5章立てで、「宣教師団の訪問と貿易を介した外国との親交（Missionary and Trader Arrivals and Influences）」、「コプラ貿易（The Copra Trade）」、「ドイツによる保護領（German Protectorate Period）」、「日本の委任統治時代（The Japanese Mandate Era）」、「第2次世界大戦（World War II）」が描かれる。そして、戦後のアメリカ信託統治と核兵器実験を含め、国家としての独立後にアメリカとの盟約を結ぶ現在に至るまでが最終の全4章で述べられる。本教科書では各章の始めに「学習目的」が付され、章末に学習理解度を確認する「質問」と学習を深めるための「活動」が記載されている点が特徴的である。

3.2.2 日本に関する描写

　第8章の全24頁で「日本の委任統治時代」が描かれる。学習目的として目指す項目は12個あり、「日本人化（Japanization）」という言葉が象徴するように、マーシャルに日本の政治、文化全般、経済活動が持ち込まれた過程と、マーシャル人への実際の影響に関する理解に主眼が置かれている。

　章全体を通して、日本がドイツ保護領の廃止後にマーシャルに来た当初から、島民の生活に入り込んでいき、次第にマーシャルを軍事下に置く様相までが時系列で説明されている。当時の日本人の姿を写した写真等も掲載されている。「日本政府の太平洋諸島における（現地住民の）市民化の欲望が、南洋（South Seas）という言葉に表され、日本の統治の背景には、経済発展に対する関心ではなく、日本の支配を駆り立てていく太平洋における国際政治上のミクロネシア地域の政治的・軍事的重要性に対する認識があった（Walsh and Heine, pp.225&227）」ことが導入部で述べられる。一方で、1900年代初期には、すでにミクロネシア地域一体において日本の商業と漁業の広がりが見られていたことも書かれている（Ibid, p.226）。そして、「（日本のマーシャルにおける態度が）文民統制から軍事化へと移行していくうちにマーシャル人と日本人の関係性は変化していった。日本との間で、友情、定期船の運航、コプラ貿易、雇用機会の創出が続いた

時代は終わり、過酷な労働と困難に満ちた時代が始まった（Ibid, p.243)」と締めくくられる。

　日本人化についての解釈は、「日本が貨幣を用いた経済活動への参加を通して島民を近代化しようと考えた（Ibid, p.240)」ことから行われた日本のシステムの適用と捉えられ、その最たるものが日本によるマーシャルでの公教育システムの導入であったとされる。そこで、教育とその関連事項について述べられた箇所を中心に、*A Marshall Islands History* における記述内容と該当頁を表3に記す。

表3　*A Marshall Islands History* における教育関連の記述内容
（著者による日本語訳）

記述内容	頁
1915年12月（マーシャルの）公教育システムが構築され、日本人の子どもと島民(kanaka)を別々にして教育する学校が作られた。	229
全ての環礁に学校が作られなかったことと、学校のある環礁でも通学手段や宿泊施設の有無に差があったことが、島民の学校出席率に影響を与えた。さらには、日本の教育の価値は、島民には低いものだった。時には、生徒の確保に来た日本人の船が来ると連れ去られないように子どもを隠す親もいた。ごく限られた者にとっては、（日本語を流暢にすることとも言える）教育は雇用、賃金、物資を得る手段を通して生活水準を良くするためのものだった。	230
公立学校の生徒は、日本語以外に算術、地理、科学、描画、音楽、手工芸[10]、農業、家庭科を教えられた[11]。学校の週所定の全学業時間の半分（約12時間）は日本語の指導に充てられた。	230
全ての島民は日本人より低い地位にあるとされたが、法的には（全島民が）平等な立場であるという日本の行政施策は、教育を受ける権利を全島民に広げていった。	231
日本の教育体制で学校数は増えたが、子ども全員が学校に通ったわけではない。学業で成功した生徒なら、各村落における教員または警察官[12]に従事できた。	238
日本語が支配力を持ち、生活の多くの面で日本人はマーシャル人と区別された。また、日本の法律、文化的価値が優先され、それらがマーシャルの風習と相対する場合でさえ強制された。	239
年月を経て、マーシャルの人々は日本人と意思疎通する術を学び、新しい管理者のやり方に慣れていったので、日本文化のあらゆる面がマーシャルの生活に入り込んで行った。これらの日本の影響のいくつかは今日もなお残っている。	239
ミクロネシア地域への日本の関心が高まり、数を増す日本人によって、かつ日本人のためにミクロネシア地域が発展するにつれて、現地住民の福祉と風習・文化は、領土拡大に向けた日本の関心に次ぐものとして見なされるようになった。	241
日本の統治は島々の構造的な発展と貨幣経済への移行に寄与した。（中略）日本人がもたらした利便性と贅沢品を甘受するためには、言葉や法律といった日本の文化的価値に順応することがマーシャル人の側に必然的に求められた。	243

第8章の学習後の「活動」には、親や祖父母に日本の統治時代に関する話を聞き、日本に何らかのルーツを持つ場合には日本人の祖先や親類が島々にもたらしたことについて調べるなど、家族に聞き取りをする活動が提示されている。さらには、日本の統治時代に生きていたとしたら、自分自身や家族・友人の日常にどんな影響があったかを想定した日記[9]を作成する活動が提示されている。これらの活動中に示されるマーシャルの高校生の考えや意見は、マーシャルの若者たちが自国の歴史観の中で日本をどう理解し、現在から未来にかけての日本との関係をどう考えるのかを反映するものであると言えるだろう。

4. おわりに

　本稿では、文献およびマーシャルの教育省職員へのオンライン調査によって、マーシャルの学校教育における社会科の体系を整理し、マーシャル独自の社会科教科書 *A Marshall Islands History* における日本に関する描写についての考察を行った。

　その結果、大洋州やミクロネシア地域という枠組みの中でマーシャルについて考えさせる授業が多くあることが明らかになった。その中でも、中等教育で自国史に特化して詳細に学ぶ授業が存在し、ここで取り上げた *A Marshall Islands History* のように、マーシャル独自の歴史教科書が重要な役割を果たしていることも分かった。同教科書は、先史時代から第2次世界大戦までの長い歴史と国家成立以降の現代史を精緻に描き、若い世代に対して自国について深く考えさせる内容を提供していることが確認できた。例えば、各章末に「あなたはどう考えるか」という問いを投げかけるなど、自国の歴史を自分事として内省させる工夫が施され、長きにわたる植民地支配から現代のアメリカ依存の関係に至る複雑なマーシャル社会におけるアイデンティティの育成を促すものと言えるだろう。アメリカ製の教科書がマーシャルで多用される現実にあって、本教科書がマーシャルに精通した外国人人類学者の研究成果とその共著者であるマーシャル人教育関係者の視点で描かれ、さらに言えば、4年間もの学校教育期間を使って学ぶ「マーシャル学」の設定があることも、マーシャルの若者の愛国心や自立した精神の涵養に大きく寄与していると言えるだろう。

また、*A Marshall Islands History* では、自国史の流れにおける日本との関係も精緻に描写されており、マーシャルの社会科教育での日本に関する学習内容の一端が明らかになった。同教科書の第8章では、日本人の入植でもたらされた教育の可能性の広がりと共に、マーシャル人の生活や文化に与えた強い影響力を具体的に理解させ、今も周囲に残る事柄と関連付けて省察する時間を作り出している。本稿では言及しなかったが、第2次世界大戦中のアメリカとの関係性の中で日本の姿を描く第9章を、11年生「世界史」の学習内容と比較すれば、マーシャルの社会科教育での日本理解の過程をより深く理解できるだろう。

　しかしながら、マーシャルの教育省職員へのオンライン調査[13] では、自国史の中で日本との関係性を考えさせる社会科教育が存在する一方、学校教育の中で日本の現代事情を学び、マーシャルと日本の今日の関係や将来について考える機会がほとんど提供されていないことも明らかになった。これはマーシャルと日本の関係が歴史的文脈のみで理解される可能性を示唆している。アジア・太平洋地域の協力関係の強化が注目される今、現代のマーシャルに広がる日本理解を検証する意味は大きく、社会科教育のみならず学校内外の生活全体を通して、マーシャルの将来を担う若者が抱く日本観の分析も今後求められよう。

　最後に、ここで述べた社会科の教科書については教育行政機関側（ここでは教育省）で把握するものであり、学校現場での実態と一致しているとは言い切れない。コロナ感染症拡大のため海外渡航が不可能な状況下、現地調査の代替手段として実施した今回のオンライン調査には十分な実態の把握に限界がある。教科書の実際の使用状況や授業方法について確認するための学校現場での聞き取り調査を実施し、本稿の考察を実態と照らして検証することが今後の課題である。

<謝辞>
　インタビュー調査に協力いただいたマーシャル教育省職員の方々と、資料収集に協力いただいたマーシャル・マジュロ在住の佐藤美香さんにお礼申し上げます。本研究は、JSPS科研費19K0253801（研究代表者　玉井昇　教授（獨協大学））の助成を受けたものです。

【注】

1）マーシャルを含めたミクロネシア地域の脱植民地化のプロセスに関する研究として、五十嵐正博（2008）『提携国家の研究―国連による非植民地化の一つの試み』の中の第5章「提携国家の創設―ミクロネシア」に詳しい分析がある。

2）アメリカの自由連合盟約（Compact of Free Association）は、1986年マーシャルに対する15年間の財政援助として始まり、2003年の協議を経て、2004年から改訂版の盟約（Compact Ⅱ）として継続している。改訂版の盟約は2023年度（マーシャルでは当該年の10月～翌年の9月を年度と考える）に終了する予定である。

3）オンラインでのインタビュー調査は、以下のように実施した。
・2020年6月2日にHannah Lafita氏（教育省所属のAssociate Commissioner for Primary Education）からGoogle forms（1回）を通して回答を得た。
・2020年6月9日にJunior Paul氏（教育省所属のAssociate Commissioner for Career and Secondary Education）からGoogle forms（1回）を通して回答を得た。
・2020年9月18日～12月17日にFilimoni Kuricivi氏（教育省所属のSocial Studies Specialist for Elementary Schools）からEメール（8回）を通して回答を得た。

4）2020年6月9日Junior Paul氏とのGoogle formsを用いたインタビュー調査より。

5）2020年12月11日Filimoni Kuricivi氏とのEメールを用いたインタビュー調査より。

6）2020年9月29日、11月23日、12月3日にFilimoni Kuricivi氏からEメールで得た情報に基づいて記載しており、4年生までの教科書については、現在教育省で教科書の開発が進められているという情報も得ている。

7）2020年6月2日にHannah Lafita氏からGoogle formsによるインタビュー調査で一次情報を得て、2020年9月18日にFilimoni Kuricivi氏からEメールで確認情報を得た。

8）非マーシャル人であり、日本人でないことは容易に想像できるが、国籍は不明である。

9）教科書（p.245）では"journal entry"と記載されている。

10）日本語の「編み物」が変化したマーシャルの"amimano"として意味するものを表す。教科書別表（p.446）に、マーシャルの日常に根付いていた織物技術が、商業化目的で日本人の指導によって高められ、商品として作られるようになった工芸品という説明がある。

11）1915年に制定された南洋群島小学校規則第5条によれば、小学校での学習科目は「修身、国語、日本歴史、地理、算術、理科、手工、図画、唱歌、体操トシ男子ノ為ニハ農業 ヲ加ヘ女子ノ為ニハ裁縫及家事ヲ加フ」とされている。

12）教科書（p.238）では"teachers"と"police officers"と記載されているが、日本の統治時代では補助員に過ぎなかった可能性が高い。

13）2020年9月18日Filimoni Kuricivi氏とのEメールを用いたインタビュー調査より。

【参考文献】

1）今泉　裕美子（2014）「太平洋の「地域」形成と日本―日本の南洋群島統治から考える」李成市他編『岩波講座日本歴史第20巻（地域論）』岩波書店, pp.265-294.

2）玉井　昇（2020）「パラオ共和国の中等教育における社会科と使用教科書―とくに歴史教育と対日関係事項を中心に」『国際教育』26号, 日本国際教育学会, pp.90-101.

3）寺本　潔（1986）「日本委任統治下南洋群島の公学校における地理教育―「国語読本」及び地理科教授要目を手がかりにして」『新地理』33巻4号, 日本地理教育学会, pp.28-38.

4）渡辺　幸倫（2005）「マーシャル諸島共和国における教育の現代的課題」『環境創造』8号, 大東文化大学, pp.17-38.

5）渡辺　幸倫（2007）「「公教育」の整備・拡充から地域に根ざした課題へ―マーシャル諸島

共和国における教育課題」『日本学習社会学会年報』3号，日本学習社会学会，pp.21-22.

6）Ministry of Education, Sports&Training, Republic of the Marshall Islands (RMI). "Curriculum" https://pss.edu.mh/documents/reports/（2021/04/28閲覧）

7）Ministry of Education, Sports&Training, RMI. "Education Overview" https://pss.edu.mh/about/（2021/04/28閲覧）

8）Ministry of Education, Sports&Training, RMI. (2019). *Digest of Education Statistics 2018-2019*. https://pss.edu.mh/documents/reports/（2021/02/09閲覧）

9）Ministry of Education, Sports&Training, RMI. (2020). *Education Statistics Digest - Version 2*. https://pss.edu.mh/documents/reports/（2021/02/09閲覧）

10）Ministry of Education, Sports&Training, RMI. (2013). *Marshall Islands Public School System Act 2013*. https://pss.edu.mh/documents/reports/（2021/04/28閲覧）

11）Ministry of Education, Sports&Training, RMI. (2016). *Meeting Learning Objectives for a Brighter Future: Strategic Plan 2017-2020*. https://pss.edu.mh/documents/reports/（2021/02/09閲覧）

12）United Nations Children's Fund. (2017). *Situation Analysis of Children in the Marshall Islands*. https://www.unicef.org/pacificislands/media/1146/file（2021/04/28閲覧）

13）Walsh, Julianne M. and Heine, Hilda C. (2012). *A Marshall Islands History*. Bess Press.

14）World Bank. (2020). *Project Information Document: RMI Education and Skill Strengthening Project - P171924*. https://documents.worldbank.org/en/publication/documents-reports（2021/02/09閲覧）

ABSTRACT

A Preparatory Study on Contemporary Social Studies in the Republic of the Marshall Islands: Focus on the Portrait of Japan in the Marshalls' Original History Textbook

Noriko Kawasaki

(University of Miyazaki)

<Keywords: Republic of the Marshall Islands / social studies / history textbook / Micronesia / school education>

The Republic of the Marshall Islands has administered its school education with financial help from the United States of America under the Compact of Free Association since 1986, when the Marshalls were granted their sovereignty. The current Public School System of the Marshall Islands, led by the Ministry of Education, Sports & Training, was established by law in 2013, and has been operating autonomously up until the present. However, the majority of the textbooks used in the school education of the Marshall Islands are produced in the US, and very few are original to the islands. Although this situation still continues, it is worth mentioning that the Marshall Islands teach a unique social studies course, "Marshall Studies", to students of secondary schools. In this course, they learn the whole history of the Marshall Islands from the country's own point of view, using an original textbook named A Marshall Islands History. The textbook describes the path that the Marshalls took from their prehistory through several colonial eras, including the aftermath of World War II, and furthermore explains the history of the Marshalls after independence, up to the present. So far, however, little has been reported on the present condition of social studies in the Marshalls, not to speak of the textbook A Marshall Islands History. This study thus aims to show the present structure of social studies in the Marshall Islands and moreover clarify how the textbook is used within this structure and what it describes, with a focus on the portrayal of the historical relationship with Japan.

Rethinking Higher Education in Cambodia: Contemporary Challenges and Priorities in the Post-COVID-19 Era

Sol Koemhong

(Graduate student, International Christian University)

〈Keywords: Cambodian higher education / major challenges / digitalization and professional development / collaboration / post-COVID-19 era〉

1. Introduction

Cambodian higher education has seen continuous development since the 1990s after the complete elimination of all formal education institutions during the Khmer Rouge regime (1975-1979). In 1997, privatization was introduced so as to respond to the fast-growing number of high school graduates, allowing private businesses to operate private higher education institutions (HEIs) and authorizing public HEIs to offer fee-paying programs as a supplement to the limited public funding for higher education (Un, Hem, & Seng, 2017; Un & Sok, 2018). Since then, Cambodian higher education has experienced remarkable growth in terms of the number of HEIs and student enrollment. Up to the present, there are 125 HEIs in Cambodia located in 20 provinces and the capital city, Phnom Penh, of which 48 are public (Ministry of Education, Youth and Sport [MoEYS], 2019). The number of student enrolments topped 249,092 and decreased by 15% to 211,484 between 2014 and 2018 (MoEYS, 2019). The decrease could be attributed to the sudden reform of the Grade 12 national examination in 2014 that caused high failure rates (Ouch, 2015). Meanwhile, the number of teaching staff expanded sharply from 8,953 to 12,539 between 2014 and 2018; of that, 1,947 hold bachelor's degrees, 8,751 hold master's degrees, and 1,090 hold PhDs (MoEYS, 2019). The Royal Government of

Cambodia (RGC) recognizes the essential role of HEIs in developing human resources that contribute to the country's socioeconomic development. Realizing this critical role, RGC, through its MoEYS, approved several policies, such as the Policy on Higher Education Vision 2030, the Policy on Higher Education Governance and Finance for Cambodia, and the Cambodian Higher Education Roadmap 2030, to improve the quality of higher education and the efficiency of management and governance in higher education (MoEYS, 2019). The steadily rising national budget for all education sectors, the establishment of the Accreditation Committee of Cambodia (ACC) in June 2003, the US$ 23.00 million World Bank-funded "Higher Education Quality and Capacity Improvement" project approved in 2010, and the recent US$ 92.50 million World Bank-funded "Higher Education Improvement" project approved in 2018 are all evidence of the Cambodian government and its development partners' ongoing commitment to improving higher education in Cambodia.

However, Cambodian higher education has continued to confront a number of critical challenges. With the impacts of the COVID-19 pandemic due to the sudden shutdown of all physical classrooms intermittently from March 16, 2020, Cambodian higher education has endured even more challenges. As we somehow approach the new normal situation in the post-COVID-19 era, it is crucial that Cambodian HEIs rethink their provision of higher education going forward.

This article focuses specifically on higher education in Cambodia as a context hit hard by the COVID-19 pandemic, mainly because of the lack of digital infrastructure and resources, accessibility issues, and limited digital literacy and experience of faculty members and students. However, it reflects higher education in the Global South, where massification and socioeconomic contexts have triggered comparable challenges for their higher education compounded by the new need for digitalized teaching and learning during the COVID-19 pandemic. Thus, this article supports other similar contexts in a way that it advocates post-COVID-19 priorities for higher education.

In what follows, this article first highlights some contemporary challenges that have prolongedly confronted Cambodian higher education. It then discusses some critical challenges during COVID-19 and suggests some priorities for Cambodian higher education in the post-COVID-19 era.

2. Contemporary Challenges to Cambodian Higher Education

The rapid increases in the number of HEIs, lecturers/instructors, and students have simultaneously brought about several interrelated challenges that have prolongedly confronted Cambodian higher education. Some of the pressing challenges include limited education quality, skills mismatch, and the lack of a research culture and capacity.

2.1 Limited Education Quality

The limited quality of higher education in Cambodia results from several issues such as limited qualifications and pedagogical training of lecturers, ineffective delivery of lessons due to lack of planning and preparation, and insufficient resources, among others. However, it is viewed that higher education quality depends significantly on academic lecturers' qualifications (Hayden, 2019; Kitamura, 2016).

Very little data on the academic backgrounds of higher education lecturers are available. In 2008, it was reported that the average post-secondary education higher education lecturers had was 5.4 years in public HEIs and 5.5 years in private HEIs (Williams, Kitamura, & Keng, 2014). This limited post-secondary education is regarded as insufficient to teach and carry out research at the tertiary level, which is indispensable for raising the quality of higher education. According to MoEYS (2019), out of a total of 12,539 academic lecturers in 2018, only 8.7% hold a PhD, which is relatively low. Academic lecturers holding a master's degree constitute 69.8% of the total population while 15.5% hold just a bachelor's degree, which is quite substantial. Due to the low pay, the majority of non-academic staff are also involved in teaching for additional hourly pay (Un et al., 2017).

Private HEIs mainly hire full-time staff for administrative jobs; full-time academic staff are minimal (Un et al., 2017). A large proportion of lecturers at private HEIs are on part-time contracts. Most of them moonlight from their full-time job at either public HEIs or other institutions to supplement their meager salaries (Hayden, 2019; Ros &

Oleksiyenko, 2018). This situation leaves most lecturers no time to focus on planning and preparing lessons, not to mention other essential duties resulting in ineffective delivery.

The inadequacy of proper education and training of academic lecturers also contributes to the quality issue of Cambodian higher education (Chet, 2009; Hayden, 2019), given that some lecturers are teaching without or with minimal pedagogical training.

2.2 Skills Mismatch

Skills mismatch of university graduates with the labor market demands is another significant challenge (Chet, 2009; Dem, 2017; Kitamura, 2016; Nith, 2017; Peou, 2017; Un & Sok, 2018; Williams et al., 2014). The majority of higher education students are enrolled in business/social sciences-related fields of study, while enrollments in STEM-related (Science, Technology, Engineering, and Mathematics) fields of study are relatively low (Kitamura, 2016; Un & Sok, 2018). According to the Japan International Cooperation Agency [JICA]'s (2016) report with reference to the Human Capital Report 2015 from the World Economic Forum, out of graduates from HEIs in Cambodia, only 18% were in STEM-related fields of study (9% in science, 3% in engineering, 3% in medical and health, and 2% in agriculture majors). This trend has resulted in the rising mismatch between university majors and employment opportunities. As emphasized by Kitamura (2016), for Cambodia and most other developing countries, industries that would hire graduates with business/social sciences-related disciplines are still not fully developed. Therefore, it can be understood that there is an oversupply of graduates in business/social sciences-related fields and undersupply of graduates in STEM-related fields. As a result, more and more graduates are reportedly underemployed due to inadequate competence (Un & Sok, 2018) or have engaged in employment that is irrelevant to their university majors. The mismatch is also the result of poor HEI-industry linkages (Chet, 2009; Nith, 2017), as Chet (2009) pointed out as follows:

> Apart from weak public-private partnership, school-firm linkage in Cambodian higher education is also at its very early stage. Irrelevance of the system is reflected in graduates who cannot integrate themselves well into the labor

market. With very few exceptions, most HEIs do not have tracer studies and, therefore, do not know where their students go after graduation. This gives the institutions a hard time developing and improving their curriculums to better match the demand at the labor market. (pp. 158-159)

2.3 Poor Research Culture and Capacity

Another critical challenge facing Cambodian higher education concerns the lack of research culture and capacity. While many emerging countries in the region, for example, Thailand, Singapore, and Malaysia, have strived to build world-class teaching and research universities in their countries, research culture and capacity in Cambodian HEIs is still underdeveloped (Chet, 2009; Heng et al., 2020; Kwok et al., 2010; Oleksiyenko & Ros, 2019). Most HEIs in Cambodia, both public and private, are instruction-oriented with limited national and institutional support for research and development (Kwok et al., 2010; Nith, 2017; Un & Sok, 2018). A study undertaken by Kwok et al. (2010) indicated that research is not perceived as a core mission of Cambodian HEIs. They further stressed that "Most universities do not have a clear research policy with supporting institutional mechanisms to promote both the quantity and quality of faculty research" (Kwok et al., 2010, p. 9). Heng et al. (2020) indicated that Cambodia was ranked 8th among the 10 ASEAN member states in terms of research publications. Over the last decade (2010-2019), Cambodia had about 3,700 published documents indexed in the Scopus database, while neighboring Thailand and Vietnam had 152,208 and 55,639, respectively (Heng et al., 2020). Eam (2015) surveyed 444 Cambodian lecturers at ten different HEIs, of which seven are public and three are private. Shocking results from the study reported that 65% of them did not involve in any research at all over the past five years. Some prominent public HEIs such as the Royal University of Phnom Penh (RUPP), the Royal University of Agriculture (RUA), the Institute of Technology of Cambodia (ITC), and the University of Health Science (UHS), have shown increased research activities (Kwok et al., 2010). However, their research activities are made possible through the external assistance of foreign donors and partners (Chet, 2009, 2019). In private HEIs, on the other hand, it is reported that research activities are almost nonexistent (Chet, 2009).

2.4 Other Challenges

Apart from the critical challenges discussed above, Cambodian higher education has also been confronted with a number of other challenges. They include the lack of institutional autonomy (Chet, 2009; Hayden, 2019), the fragmented system in terms of management and governance (Kitamura, 2016; Mak et al., 2019; Nith, 2017; Un et al., 2017; Un & Sok, 2018), insufficient resources for public HEIs due to limited public funding (Dem, 2017; Hayden, 2019), lack of right human resources for right tasks (Nith, 2017), limited professional development opportunities (Ros & Oleksiyenko, 2018), and lack of stakeholder involvement and collaboration (Sam & Dahles, 2017).

3. Critical Challenges during COVID-19

The rapid transition to online learning caused by the COVID-19 pandemic has brought about a series of additional challenges for Cambodian higher education. Some of the critical challenges include the lack of digital infrastructure and learning resources, accessibility issues, and limited digital literacy and experience of faculty members and students.

3.1 Lack of Digital Infrastructure and Learning Resources

The lack of digital infrastructure and learning resources in Cambodian HEIs appeared to be a significant challenge and has considerably affected higher education in Cambodia when education moved toward online delivery during the temporary closure of face-to-face classes (Chea, Kieng, Leng, & Water, 2020; Kaing, 2020). Digital infrastructure and learning resources include but are not limited to a wide range of digital devices, e-learning platforms, technology-enhanced classrooms, high-speed internet connectivity, digital libraries, comprehensive learning management systems, data privacy and security, quality digital contents and resources, and constant technical support. Before the COVID-19 pandemic, the infrastructure and learning resources of HEIs in Cambodia exist mainly for on-campus teaching and learning, and they are often criticized for not being adequately equipped to serve the needs of both students and faculty members (Dem, 2017; Hayden,

2019).

Due to the lack of digital infrastructure and learning resources, Cambodian HEIs decided to use open-source platforms such as Google Classroom, Zoom, Telegram, and Facebook to ensure continuity of learning for their students. MoEYS, through its public guidance, also instructed all educational institutions to use open-source platforms for teaching and learning during school closure (Chet & Sok, 2020). Digital learning contents and resources, particularly library resources that are indispensable for online learning, are also inadequate. Many HEIs in Cambodia do not have a system in place for off-campus access to library resources. Instead, students search for reading materials on the internet, often from less credible sources. Even before the COVID-19 pandemic, university libraries in Cambodia are often criticized for not providing enough books and other reading materials for reading and research. Dem (2017) criticizes that university libraries in Cambodia are small, stocked with insufficient and outdated books, and do not have subscriptions with international institutions or publishers so that students could have access to a variety of electronic books and journals. This lack of digital infrastructure and learning resources has caused extra workload, stress, anxiety, and frustration for HEIs, faculty members, and students and further affected the quality of Cambodian higher education.

3.2 Accessibility Issues

Because online learning is entirely dependent on digital devices and the internet, accessibility is among other critical challenges during COVID-19, particularly for students from low socioeconomic families. A global survey report on the impact of COVID-19 on higher education conducted by the International Association of Universities (2020) indicates that many students, particularly in low- and middle-income countries, do not have access to the internet from home. In this case, online teaching and learning is fully interrupted, and the students risk being left out. Heng and Sol (2020) noted that students from low socioeconomic families could not afford high-speed internet connection and necessary devices such as computers/laptops or tablets to support their online learning. In Cambodia, it is reported that instead of using computers or laptops, many students are using their smartphones to access online classes and complete assigned work due to the unaffordability of digital devices (Chea et al., 2020). A recent survey conducted with students at the University of Puthisastra, a private university in Phnom Penh, showed that 35.5% were using a smartphone, 40.9% were using a laptop or a computer, and 7% were using a tablet (Leng, Khieng, & Water, 2020). Even though some HEIs, such as the Kirirom Institute of Technology and Paragon International University, have been able to provide students in need with laptops and/or internet subscriptions at reduced costs, many other HEIs have not been able to do that (Chea et al., 2020; Leng et al., 2020). Such issues are unarguably causing inequalities for disadvantaged students.

Accessibility is also an issue for faculty members. When educational institutions were ordered to close temporarily, faculty members were required to work from home. Even though many parts of the country are digitally connected, there are certain areas that a stable and fast internet connection is difficult to obtain. If they live in such areas, their online teaching can be intermittently interrupted.

3.3 Limited Digital Literacy and Experience

The shift to online teaching and learning caused by the COVID-19 pandemic has been sudden, leaving all stakeholders unprepared and shocked. For many decades, higher education in Cambodia takes place primarily on campus. Thus, faculty members and students have limited or no prior experience in online teaching and learning, making the transition to online teaching and learning very difficult, if not frustrating.

Many faculty members were reported to have limited information and communication technology (ICT) skills and digital pedagogy (Chea et al., 2020; Leng et al., 2020). They are not familiar with using online teaching platforms, plus the limited knowledge of how to teach online. The United Nations (2020, p. 14) reported that "From the onset of the pandemic, teachers were immediately tasked with implementing distance learning modalities, often without sufficient guidance, training, or resources." Therefore, faculty members have often practiced the "learn by doing" approach due to the inadequacy of training and support received. On the side of students, they faced similar issues, resulting from the lack of ICT skills and online learning experience. To help familiarize students with e-learning platforms and online learning, some HEIs, for example, the Royal University of Phnom Penh, offered courses in such areas (Chet & Sok, 2020). However, many other HEIs have not been seen offering such support.

4. Priorities for Cambodian Higher Education in the Post-COVID-19 Era

The horrific and historical moment caused by the COVID-19 pandemic has created an opportunity for deep reflection and can be seen as a wake-up call for Cambodian HEIs to rethink their role in providing education going forward. While more efforts from all stakeholders are imperative to address the enduring challenges, there are some priorities for Cambodian higher education in the so-called post-COVID-19 era. These priorities include 1) improving digital infrastructure and learning resources, 2) digitalizing the delivery approach, 3) providing regular professional development and training for faculty members, and 4) promoting diverse collaboration and partnerships.

4.1 Improving Digital Infrastructure and Learning Resources

With the unprecedented disruption of the COVID-19 pandemic, HEIs in Cambodia have made massive efforts in a short time, particularly in the area of digital transformation, to ensure, to a certain extent, continuity of education for their students through online learning. While temporary digital infrastructure and learning resources have arduously been made possible by COVID-19, they need to be further developed and sustained in the post-COVID-19 time. To do so, Cambodian HEIs will need more support and investment from the government, private sectors, as well as local and international development agencies. Essential tasks include but are not limited to expanding access to appropriate digital devices and high-speed internet connection, improving existing e-learning platforms, developing digital libraries and smart classrooms, diversifying necessary digital contents and resources, and building up comprehensive learning management systems. Improving digital infrastructure and learning resources is a viable approach not only to address future learning crises or emergencies but also to enhance the student learning experience and equip them with the necessary knowledge and skills in the age of digitalization (Heng, 2020).

4.2 Digitalizing Delivery Approach

Over recent decades, HEIs in Cambodia have focused on traditional on-campus teaching (Chet & Sok, 2020; Leng et al., 2020). The rapid shift to online learning only took place during the COVID-19 pandemic after all educational institutions were instructed to close temporarily. This historical shift in Cambodian higher education took place overnight and will change the way we teach and learn forever. Considering the impacts of COVID-19 and the context of Industry 4.0, online learning is going to stay. We must accept that online learning is a permanent and ubiquitous part of today's digital world. Therefore, blended learning (also known as hybrid learning) is a viable modality going forward for Cambodian higher education in the digitalized and unpredictable world.

In general terms, blended learning is the practice of combining traditional face-to-face classroom instruction with online learning. This educational modality is well-established in many developed countries and has enabled them to cope with the impacts of the current COVID-19 pandemic (Cahapay, 2020). The shift to blended learning will help HEIs, teachers, and students prepare for a smooth transition toward the digitalized era, reflecting the global trend of higher education (Pham & Ho, 2020).

4.3 Providing Regular Professional Development and Training

COVID-19 has been a striking shock to education worldwide, causing a lot of difficulties and uncertainties for schools, teachers, and students. Schools and teachers at all educational levels were mostly unprepared to support the continuity of education through online learning. As blended learning will gradually gain momentum in Cambodian higher education in the post-COVID-19 era, HEIs in Cambodia should put great efforts into offering regular professional development and training for faculty members (academic lecturers or instructors). One of the key emphases should be directed toward their digital pedagogy and capabilities of using digital tools and resources for teaching and learning, developing and delivering effective digital materials and contents, engaging students in online classes, promoting independent study and research, and conducting online learning assessment and evaluation. Such professional development and training will help raise the faculty's ability to perform their job efficiently in a more digitally transformed environment in the post-COVID-19 time.

During COVID-19, students have also faced challenges, precisely adjusting to online learning and using e-learning platforms and resources, among others. Thus, if any future transition is to be made by HEIs, ample training should also be provided to students to ensure their continuing smooth learning process (Neuwirth, Jović, & Mukherji, 2020).

4.4 Promoting Diverse Collaboration and Partnerships

Addressing the challenges facing Cambodian higher education and preparing for more digitally engaged teaching and learning in the post-COVID-19 era require strong collaboration and partnerships with all stakeholders, including MoEYS, individual HEIs, local and international development agencies, international educational institutions, and private sectors. Even though there is evidence of MoEYS trying to involve all essential actors in higher education, for example, the establishment of the Higher Education Technical Working Group (HETWG) in 2013, stakeholder collaboration and partnerships in Cambodian higher education are still limited (Sam & Dahles, 2017). The COVID-19 pandemic has proved that collective efforts from all stakeholders are most crucial in such a time of crisis and should have been well-established. During the COVID-19 pandemic, MoEYS's education response plan has focused mainly on lower education (MoEYS, 2020). This lack of support for higher education gives HEIs a hard time tackling the challenges of providing online education on their own during the closure of all educational institutions while higher education collaboration and partnerships are still limited.

The lack of financial resources, technical knowledge, and experience will remain a critical issue in the post-COVID-19 era. Therefore, HEIs in Cambodia should reinforce and establish more collaboration and partnerships with all stakeholders. Strong collaboration and partnerships with diverse stakeholders will help HEIs gain more financial and technical support, access to wide-range resources and expertise, and diverse opportunities for joint activities or projects.

5. Conclusion

The COVID-19 pandemic posed enormous challenges to Cambodian higher education during the temporary shutdown of educational institutions, in addition to several other pressing challenges that it has already endured. The immediate need to shift to online learning without prior preparation added intense pressure to higher education in Cambodia, requiring HEIs to find sustainable solutions to their education provision. In the post-COVID-19 era, Cambodian HEIs should invest more in improving their digital infrastructure and learning resources, implement blended learning as a forward modality, improve faculty members' digital literacy and pedagogy, and strengthen collaboration and partnerships with all stakeholders. Meanwhile, it is also urgent to continue to address the prolonged challenges such as limited education quality, skills mismatch, and poor research culture and capacity.

In summary, the COVID-19 pandemic has reminded us that changes and the digital transformation previously perceived as arduous or impractical are, despite significant limitations, possible after all and will help build digital resilience for Cambodian higher education going forward. However, Cambodian higher education needs further substantial reforms to produce graduates and human resources that can make Cambodia stay relevant and competitive in the region and the world. To develop human capital capable of driving the country's social and economic development in the age of digitalization, HEIs in Cambodia need to move toward digitally transformed and research-driven education.

【References】

Cahapay, M. B. (2020). Rethinking education in the new normal post-COVID-19 era: A curriculum studies perspective. *Aquademia, 4*(2), 1-5. doi:10.29333/aquademia/8315

Chea, S., Khieng, S., Leng, P., & Water, T. (2020). Pedagogy of online learning in Cambodia: Revisiting ideas of connection, engagement, attendance, and assessment. *AVI Policy Brief, 19*, 1-9.

Chet, C. & Sok, S. (2020). Dangers and opportunities related to the COVID-19 epidemic for higher education institutions in Cambodia. *Cambodia Journal of Basic and Applied Research (CJBAR), 2*(1), 20-26.

Chet, C. (2009). Higher education in Cambodia. In Y. Hirosato, & Y. Kitamura (Eds.), *The political economy of educational reforms and capacity development in Southeast Asia: Cases of*

Cambodia, Laos and Vietnam (Vol. 13) (pp. 153-165). Springer Science & Business Media B.V.

Chet, C. (2019). Promotion of research culture at higher education institutions (HEIs) in Cambodia. *Cambodia Journal of Basic and Applied Research (CJBAR), 1*(2), 5-8.

Dem, T. (2017). Higher education in Cambodia: Current situation, problems and solutions. *Global Journal for Research Analysis (GJRA), 6*(6), 339-342.

Eam, P. (2015). Factors differentiating research involvement among faculty members: A perspective from Cambodia. *Excellence in Higher Education, 6*(2015), 1-11. doi:10.5195/ehe.2015.133

Hayden, M. (2019). Challenges to higher education in Laos and Cambodia. *International Higher Education*, 97, 20-21. doi:10.6017/ihe.2019.97.10947

Heng, K. (2020). COVID-19: A silver lining in the crisis for Cambodia's education sector. In K. Heng, S. Kaing, V. Ros, & K. Sol (Eds.), *English language teaching, education, and online learning in Cambodia during COVID-19: Perspectives from practitioners and researchers* (pp. 41-47). Cambodian Education Forum.

Heng, K., & Sol, K. (2020, December 08). *Online learning during COVID-19: Key challenges and suggestions to enhance effectiveness*. Cambodian Education Forum. Retrieved from https://cefcambodia.com/2020/12/08/online-learning-during-covid-19-key-challenges-and-suggestions-to-enhance-effectiveness/

Heng, K., Kaing, S., Ros, V., & Sol, K. (2020). *English language teaching, education, and online learning in Cambodia during COVID-19: Perspectives from practitioners and researchers*. Cambodian Education Forum.

International Association of Universities. (2020). *The impact of COVID-19 on higher education around the world*. Paris: International Association of Universities.

JICA. (2016). *Data collection survey on human resource development for industrialisation in the education sector in the Kingdom of Cambodia (Final report)*. JICA. Retrieved from https://openjicareport.jica.go.jp/pdf/12092227.pdf

Kaing, S. (2020). What is needed to implement hybrid teaching and learning in Cambodian higher education. In K. Heng, S. Kaing, V. Ros, & K. Sol (Eds.), *English language teaching, education, and online learning in Cambodia during COVID-19: Perspectives from practitioners and researchers* (pp. 76-80). Cambodian Education Forum.

Kitamura, Y. (2016). Higher education in Cambodia: Challenges to promote greater access and higher quality. In C. S. Collins, M. N. Lee, J. N. Hawkins, & D. E. Neubauer (Eds.), *The Palgrave handbook of Asia Pacific higher education* (pp. 365-380). New York: Palgrave Macmillan.

Kwok, K.-W., Chan, S., Heng, C., Kim, S., Neth, B., & Thon, V. (2010). *Scoping study: Research capacities of Cambodia's universities*. Phnom Penh: The Development Research Forum in Cambodia.

Leng, P., Khieng, S., & Water, T. (2020, June 17). *Going digital – The second phase of HE transformation*. Retrieved from https://www.universityworldnews.com/post.php?story=20200623154410596

Mak, N., Sok, S., Un, L., Bunry, R., Chheng, S., & Kao, S. (2019). *Governance in public higher education in Cambodia*. Phnom Penh: Cambodia Development Resource Institute.

MoEYS. (2019). *Education strategic plan 2019-2023*. Phnom Penh: MoEYS.

MoEYS. (2020). *Cambodian education response plan to COVID-19 pandemic*. Phnom Penh: MoEYS.

Neuwirth, L. S., Jović, S., & Mukherji, B. R. (2020). Reimagining higher education during and post-COVID-19: Challenges and opportunities. *Journal of Adult and Continuing Education*, 1-16. doi:10.1177/1477971420947738

Nith, B. (2017, February 21). Present situation of Cambodian higher education: Status, challenges, prospects and opportunity for collaboration [Video file]. Retrieved from https://youtu.be/ImPJfD_ULSY

Oleksiyenko, A., & Ros, V. (2019). Cambodian lecturers' pursuit of academic excellence: expectations vs. reality. *Asia Pacific Journal of Education, 39*(2), 222-236. doi:10.1080/02188791.2019.1621797

Ouch, K. (2015). *The perspectives of students on the reform of grade 12 national exam in Cambodia*. Academia. Retrieved from https://www.academia.edu/23506711/The_perspectives_of_students_on_the_reform_of_grade_12_national_exam_in_Cambodia?auto=download

Peou, C. (2017). On Cambodian higher education and skills mismatch: Young people choosing university majors in a context of risk and uncertainty. *Journal of Education and Work, 30*(1), 26-38. doi:10.1080/13639080.2015.1119258

Pham, H. H., & Ho, T. T. H. (2020). Toward a 'new normal'with e-learning in Vietnamese higher education during the post COVID-19 pandemic. *Higher Education Research & Development, 39*(7), 1327-1331. doi:10.1080/07294360.2020.1823945

Ros, V., & Oleksiyenko, A. (2018). Policy misalignments and development challenges in the Cambodian academic profession: Insights from public university lecturers. *Higher Education Policy, 31*(1), 19-35. doi:10.1057/s41307-017-0043-y

Sam, C., & Dahles, H. (2017). Stakeholder involvement in the higher education sector in Cambodia. *Studies in Higher Education, 42*(9), 1764-1784. doi:10.1080/03075079.2015.1124851

Un, L., & Sok, S. (2018). Higher education systems and institutions, Cambodia. In P. Teixeira & J. Shin (Eds.), *Encyclopedia of international higher education systems and institutions* (pp.1-10). Dordrecht: Springer. doi:10.1007/978-94-017-9553-1_500-1

Un, L., Hem, B., & Seng, S. (2017). Academic promotion of higher education teaching personnel in Cambodia. In L. Wang & W. Teter (Eds.), *Recalibrating careers in academia: Professional advancement policies and practices in Asia-Pacific* (pp.41-72). Bangkok: UNESCO.

United Nations. (2020). *Education during COVID-19 and beyond*. The United Nations. Retrieved from https://www.un.org/development/desa/dspd/wp-content/uploads/sites/22/2020/08/sg_policy_brief_covid-19_and_education_august_2020.pdf

Williams, J. H., Kitamura, Y., & Keng, C. S. (2014). Higher education in Cambodia: Expansion and quality improvement. *Higher Education Forum*, 11, 67-89. doi:10.15027/37025

ABSTRACT

Rethinking Higher Education in Cambodia: Contemporary Challenges and Priorities in the Post-COVID-19 Era

Sol Koemhong

(Graduate student, International Christian University)

<Keywords: Cambodian higher education / major challenges / digitalization and professional development / collaboration / post-COVID-19 era>

The COVID-19 pandemic has severely affected education worldwide, including in Cambodia. The forced closure of physical classrooms to contain the spread of the virus has brought about an abrupt rise in online learning that, to some extent, has allowed students to carry on their studies. In Cambodia, higher education, which was already confronted with a number of critical issues, endured additional challenges when the Ministry of Education, Youth and Sport ordered all educational institutions to temporarily suspend all face-to-face classes. As we somehow approach the new normal situation in the post-COVID-19 era, it is of vital importance that Cambodian higher education institutions rethink their provision of education. This article suggests that in the post-COVID-19 era, Cambodian higher education institutions should invest more in improving their digital infrastructure and learning resources, digitalize their delivery approach, provide regular professional development and training for faculty members, and promote collaboration and partnerships with diverse stakeholders.

コロナ禍における世界の教育と SDGs
企画の趣旨

紀要編集委員会

　新型コロナウィルス感染症拡大により、2020年の年明けから、私たちはこれまで経験したことのない変化に直面しています。人と人との接触を避けるために、学校の長期休校やオンライン授業の実施など、世界各国が対応に迫られています。大学でもオンラインによる講義が急速に増加するとともに、海外との往来が制限されることにより、留学のあり方も問われています。当学会の活動においても、2020年9月5日～6日に予定されていた第31回大会（大会校：北海道教育大学・北海道大学）が2021年への延期を余儀なくされるなど、著しい影響を受けています。

　このような経緯から、紀要編集委員会では、新型コロナウィルス感染症の拡大とそれにともなう世界の変化を歴史的な出来事として捉え、記録に残す意味があると考えました。そこで、『国際教育』第27号（2021年）では「特別企画」を設け、速報性を重視した調査報告や教育情報、資料紹介という形での論考を募りました。

　各国・各地の学校はいかにコロナ禍に対応しているのか、いかなる課題が浮かび上がり、そのことは教育現場にどのような変化をもたらしているのか。また、オンラインによるコミュニケーションが必要不可欠な手段となるなか、各地で情報格差（デジタル・ディバイド）が顕在化するなど、急速に変化する環境のなかで持続可能な発展とは何であるかが改めて問われています。各国で起きている教育危機や、危機を逆手にとって開拓されつつある新たな教育の可能性なども、近未来の教育を考えるうえで重要です。

　この機会にきたるべき未来の教育について想像力豊かに考えていきたいと思います。

COVID-19を教材化する試み
—SDGsをリアルにそして自分事に—

石森 広美
（宮城県仙台二華中学校・高等学校）

〈キーワード：COVID-19／SDGs／グローバルイシュー／自分事／教材化〉

1. 課題意識と本稿の目的

　2020年の幕開けとともに始まった新型コロナウイルス（以下、COVID-19）の世界的な感染拡大は、我々が急速に進展するグローバル社会に生きていることを実感させた。中国・武漢から始まり、日本を含むアジア近隣諸国へ、そして欧州、北米へ、さらには中南米やアフリカなど、世界中の隅々にまで瞬く間に感染が拡大していった。各国が対策を講じるものの、このパンデミックは制御できないほどの勢いで地球全体を覆っていったのである。この現象はグローバリゼーションの極みともいえる。世界のどこかで発生する問題は、時間の差はあれ、国境を越えて世界中の国々と人々に様々な影響を与える[1]。

　感染症は保健、衛生、健康等の面からグローバルイシューの一つと考えられ、またSDGsのGoal 3 GOOD HEALTH AND WELL-BEING（すべての人に健康と福祉を）, Goal 6 CLEAN WATER AND SANITAION（安全な水とトイレを世界中に）にも関連が深い。一方で、人権、平和、環境等他のテーマと比較して、積極的に国際教育の場に取り上げられることが少ない傾向にある[2]。しかし、今回のCOVID-19の出現により、「新興感染症」が重要なグローバルイシューであることを再認識することとなり、看過できない諸課題を露呈することとなった。

　全人類が直面しているこの問題を、複雑に絡み合うグローバルイシューについて理解を深め、背景に存在する歴史や文化、開発や人類の歩み、またグローバル

イシューの複雑性を探究する機会として捉え直し、教育に活かす方法はないだろうか。

　グローバルイシューに関する授業実践をする際に、しばしば「当事者意識」「自分事（ジブンゴト）」というキーワードが浮上する。この視点は、問題解決への行動を目指す際に不可欠であるが、この感覚をもたせるには、COVID-19の渦中にこれを教材として教育の場で取り上げるのが有効であると考える。この認識は、東日本大震災の後に、被災地でありながらその教材開発を模索し実践した結果、大きな教育的成果を得た経験に依拠している[3]。

　本稿は、実践者が行う研究の意味の一つ「実践の記録として。報告、記録、実践研究の成果を残し、伝えるため（資料的価値）」[4]として位置づけられる。新興感染症COVID-19を国際教育の見地から授業構想する視点を検討し、SDGsをリアルに教材化するためのアイディアを提案することを目的とする。

2. 実践の概要と考察

(1) 高校2年次「総合的な探究の時間」の課題

　COVID-19感染拡大防止の観点から、令和2年度（2020年）の4月から5月の2ヶ月間にわたり、宮城県内の学校は休業（休校）措置となった。その間、各教科から宿題や課題を課すこととなり、カリキュラムに定位している「総合的な探究の時間」についても自宅学習をさせることとした。関係教員で協議した結果、「新興感染症について勉強させる好機である」「感染症について知識を得れば、学校生活における感染予防にも役立つ」との認識で一致し、表1に示されているように、PART1（4月）とPART2（5月）の課題を設定した。

表1　感染症についての学習

「総合的な探究の時間」（1単位）では、国連が定めた「持続可能な開発目標（SDGs）」について学習し、小グループで探究学習を進めることを年間の活動計画としています。

PART1 （4月の課題）:
　現在、新型コロナウイルスが蔓延・拡大しています。事態は深刻さを増しており、この機会に新興感染症について理解を深めて下さい。これはSDGsにも関連したグローバルイシュー（地球的課題）です。この学習は、グローバル社会を生き抜く皆さんにとって、将来に役立つものと考えています。以下の点について、学習を進めて下さい。
　1）　感染症に関する書籍、新聞記事等を読み、わかったことをまとめる。
　　書籍（新書等）を推奨します。ネット上の記事でもいいですが、いずれの場合も必ず出典を明記すること。
　2）　次の問いに対応した探究学習をする。
　①　季節性インフルエンザと新興感染症（新型コロナウイルス）の違いは何か。なぜ対応策が異なるのか。
　②　どのようにして感染するのか（飛沫感染、接触感染等）、経路、条件、感染しやすい状況等、ウイルスの特徴を踏まえながらまとめる。
　③　あなたがもし市長、県知事、総理大臣など責任ある立場だったら、どのような指示を出し、どのような対策を打ち出すのかまとめる（市長、県知事、総理大臣、等一つを選択）。

PART2 （5月の課題）:1回目の課題において、新興感染症の特徴、季節性インフルエンザとの違い、感染経路や条件、対策方法やリーダーとして打ち出す政策案等について、学習してもらいました。それらを踏まえ、以下の点について調べ、レポートにまとめて下さい。
【各国の対策について】
　新型コロナウイルスが世界的なパンデミックとなっている現在、その具体的な対応戦略や対策は、すでに一部報道されている通り、各国それぞれ異なっています。
　そこで、異なる国を2～3取り上げ、その対策を比較して下さい。
　その際、取り上げた国の対策の特徴的な点や独自性、強みあるいは弱点等、比較の「軸」「視点」を何点か設定し、日本との比較も入れ込みながら、まとめて下さい。
　単に事実を羅列するだけでなく、比較検討したうえでの自分なりの考察・見解も述べること。

　PART2の課題に取り組んだある生徒の考察には、次のように記されている。

　「私は日本の対策を韓国、アメリカ、イギリスの3カ国と比較して調べた。他の国の政策をみることで、日本の優れた点、弱点がわかった。ただそれを知って批判するのではなく、何を支持すべきなのか、それは正しい解釈なのか、どう修正すべきなのかなどを考え、今後、政治に参加するときに生かせるようにしたい。世界の努力が実を結び、一刻も早い新型コロナウイルスの終息を願っている。」

　「政治に参加するときに生かせるようにしたい」との記述は、将来の社会との関わり方への姿勢にふれ、シティズンシップの視点を含有しており興味深い。また、Part1の課題についても、実際に自分自身が「市長、県知事、総理大臣」の

いずれかの立場にあると仮定し、具体的な政策を考え論じさせることで、権利と責任、社会参加等について思考する機会となり、シティズンシップの涵養にもつながったと推察される。

　表1の課題は休校中であった4月から5月の段階、すなわち感染拡大の初期だったことから、感染症の実相把握に重心を置いたが、夏・秋以降はCOVID-19から生起する課題が多岐に派生していった。現在なら、報道・ジャーナリズム、世論形成、経済と感染症対策の両立やバランス、差別偏見、格差、人権等、多様な角度から問題に迫ることが可能であろう。

(2) 大学生へのワークショップ

　2020年11月4日に大学の授業[5]で、SDGsに連動して、「COVID-19とグローバルイシュー」というアクティブラーニング形式の授業を実践した。

　まず、時間の流れと主な出来事を表2のように板書し、約半年間の状況を概観した後、時間軸に沿って、①自分や家族の状況、②そのときの自分の気持ち、③そのときに発生したグローバルイシューについて振り返りながら、A3のワークシートに各自記入してもらった。表3はその事例の一つである。

　これは、イシューに対する当事者意識の高揚をねらいとし、同じ現象に遭ってもそれぞれの立場で受ける影響や問題が異なることや、時間の経過とともに問題や感情が変化したり複雑化したりすることを実感し、理解させる意図がある。

表2 「COVID-19とグローバルイシュー」の板書事項と学習の流れ（90分）

時間の流れとCOVID-19（板書）
1〜2月：中国・武漢市で確認・感染拡大・医療崩壊、横浜港停泊クルーズ船での感染
3〜4月：日本全国一斉休校（2020.02.27）、WHOパンデミック宣言（2020.03.11）、ヨーロッパで感染爆発、日本の感染者増加（第一波）日本・緊急事態宣言（首都圏2020.04.07・全国2020.04.16） 5〜6月：ステイホームのゴールデンウィーク、大学休校、活動中止、オンライン授業 7〜8月：Go-toトラベルキャンペーン始動、経済活性化、感染者増加（第二波） 9〜10月（現在）：Go to Eatキャンペーン、後期一部対面授業、感染者再び増加（第三波到来？） ・・・

表3　ある学生（男子）のワークシート記載事項

時間の経過	①自分や家族の状況	②自分の気持ち	③グローバルイシュー
1～2月	・特に変わりなし ・空港でアルバイト ・就活のイベントが潰れていった	・対岸の火事 ・自分の事とは思ってない ・外国の友人が心配	・中国での感染拡大 ・日本の企業への影響
3～4月	・医療従事者である家族が敏感になっていった ・就活のオンライン化 ・マスクを買う	・経済へのダメージで自分の将来が不安に ・徐々に危機意識がでる	・ヨーロッパ諸国でロックダウン ・観光へのダメージ ・アジア人差別
5～6月	・移動しなくなる ・人混みを避ける ・アルバイトが休業に ・学校に行かない	・ただ事じゃない・・・	・世界的な感染拡大 ・JICA・専門家帰国 ・国際関係活動休止
7～8月	・Go toの開始で徐々に移動 ・北海道に旅行に行く ・父が会社のコロナ対策で忙しそう	・気が緩んだ ・知人が感染・・・	・途上国にも広がる ・不完全な医療体制 ・貧困問題
9～10月（現在）	・学校に行くようになる ・日常を少し取り戻す ・就職前研修は全てオンライン	・拡大感染の恐れ ・冬になると広がる不安	・中国が復活 ・自国ファースト ・ワクチン開発競争

　ワークシート完成後、グループで発表・共有し、その後全体で議論や意見交換を行った。そして最後に補足や深い思考を促す視点提供等、若干の講義をし、各自振り返りをした。表4の学生のコメントからも、COVID-19をテーマとする学習とそれを通して得られる納得感が、他のグローバルイシューを考究する際に有用な気づきを与えるものとわかる。

表4　気づき（学生の振り返りシートから抜粋）

自分や家族の状況、自分の気持ちを時系列で書き出してみると、最初は他人事だったのが、学校が休校になったりオンライン授業になったりなど周りの状況がどんどん変わってきて、気持ちも変化し、問題が自分事になったことがよくわかった。（中略）自分のため、自分のことだけでなく、みんながみんなのために事態を自分事として捉えて行動することが大切だと学んだ。（4年男子）

1，2月は自分も周りも楽観視していた。「他人事」はいい状況ではなく、また「自分事」だと実感したときには既に手遅れだ。（中略）これから先の人生で実感するのが手遅れになって後悔しないためにも、様々な事に挑戦し、自分の頭で考えて、視野を広げていきたい。（4年男子）

（前略）今までの当たり前が幸せだったと痛感した。しかし、コロナによって家にいることが増えて家族とよりコミュニケーションをとるようになって仲良くなった。お金を使わなくなって貯金ができた。今まで興味のなかったことにハマったり、得るものもあったと感じる。コロナが私たちが直面している問題を浮き彫りにしたり、根本的な原因を明らかにしたり、コロナを経て学ぶこともあったんだ、と今回の授業で知った。こんなにも海外とつながって、色々な問題が存在していることに驚いた。（3年女子）

(3) SDGs Goal 4 QUALITY EDUCATION（質の高い教育をみんなに）に絡めて

　別のアプローチを検討してみよう。たとえば、SDGs学習において学校でよく扱われるGoal 4の教育問題とCOVID-19を絡めると、途上国における諸課題を理解するうえで意義のある教材になる。これはUNICEFプレスリリース（2021.3.3.）から着想を得たものである。

　ユニセフ（国連児童基金）が2021年3月に発表したデータによると、COVID-19のパンデミックにより、世界で1億6,800万人以上の子どもたちの通う学校が約1年間にわたって休校状態となっており、さらに約2億1,400万人（約7人に1人）の子どもが対面学習の4分の3以上を受けられなかったという[6]。

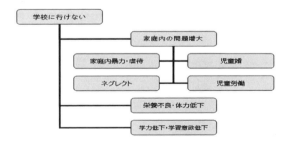

図　主に途上国の問題に着目した休校による負の連鎖（図示例, 筆者作成）

まずは自分たち自身のことを振り返ってもらう。筆者が接する高校生たちからは、「対面授業がなくなった」「オンライン授業を提供した学校とそうでない学校がある（教育の格差）」「友達に会えずつまらなかった」「部活動ができなかった」「大会が中止になった」「生活のリズムが狂った」「運動不足になって太った」「勉強へのモチベーションが下がった」「授業が遅れて受験が心配になった」「家にいてストレスがたまった」「コロナのニュースばかりで憂鬱になった」「学校や先生、友達のありがたみを知った」等の声が聞かれた。

他方、諸外国とりわけ途上国に目を向けると、日本の子どもたちが言及しなかった問題が出現し、学校の休校が子どもたちの学習と幸福に我々の想像以上に甚大な影響をもたらすことを認識させる。ユネスコ（国連教育科学文化機関）によると、世界では8億8,800万人以上の子どもたちが、学校の（完全・部分）休校によって教育の中断に直面し続けている[7]。最も厳しい状況にある子どもたちや遠隔学習を受けられない子どもたちは、学校に戻れず、児童婚や児童労働に追い込まれるリスクが高まっていることが危惧されている。

また、学校は仲間と交流し、必要な支援を求め、保健サービスやケアを受けられる安全な場所であり、栄養価の高い貴重な食事をとれる所でもある。学習や人格形成の場に加え、生存に関わる安全と健康を確保できる重要な場としての機能も有する。これらは、グローバルな視座で問題を捉え、共感や問題解決スキルを育むうえで知っておきたい諸点である。

自分たちが体験している適時的かつリアルな事象を扱うことにより、現実味が増す。こうした学習の蓄積は、困難な状況に置かれている他者を思う気持ちの醸成につながる。

3. まとめ

教育の題材として新興感染症COVID-19に対峙してみると、様々なグローバルイシューを浮き彫りにしていることに改めて気づく。たとえば、発生の起源に着目すれば、長年に及ぶ大量生産・大量消費、経済活動重視の開発による環境や生態系の破壊が人間と野生動物の接触機会を増大させ、人間と未知のウイルスとの遭遇の可能性を高めていることが指摘される[8]。他方、市民の人権や生活に視線

を注げば、COVID-19の状況下で格差や不平等に起因する問題も多面的にあぶりだされることとなった。貧困層における高い死亡率、人種や労働階級による死亡率の差、アジア系住民や医療従事者への差別、デジタル・ディバイド（情報格差）、地域や経済力による医療格差、安全な水や衛生用品、ワクチンや適切な医療へのアクセスの不平等、人権問題、ジェンダー、教育のあり方、ひいては働き方や働きがい等々、SDGsに関連のある諸課題は蜘蛛の巣状に連鎖し、広がっていく。

　以上を踏まえると、人類全体が直面しているこのCOVID-19は、グローバルイシューを探究する多様な切り口や示唆を与えるといえる。一般的に、問題の渦中ではそれを俯瞰することが困難な面がある。また、それを客観的に教材化するには心労が伴い、気後れしがちである。しかし、渦中にあるからこそ、そのときにしかできない教育実践の創出もあるはずである。こうした発想の転換は、教育の社会貢献の可能性を広げることにもなろう。

【注】
1 ）2020年4月初旬にアマゾンの先住民の集落において感染が確認された後、各地に拡大し、アマゾナス州の医療崩壊に発展したことは世界に衝撃を与えた（2020年4月2日・12日朝日新聞電子版）。
2 ）ユネスコ・アジア文化センター（2020）『変容につながる16のアプローチ』ACCU, 14-81頁。
3 ）石森広美（2019）『「生きる力」を育むグローバル教育の実践』明石書店、263-271頁。
4 ）石森広美（2016）「問題提起-実践者の視点で行う研究-」日本学校教育学会編『これからの学校教育を担う教師を目指す』学事出版、68-75頁（引用70頁）。
5 ）筆者が非常勤講師として担当する「国際関係論Ⅰ」（文学部英文学科後期の選択科目）での実践である。
6 ）【UNICEFプレスリリース】「教育危機：世界の休校 1年続く～1億6,800万人の子どもが学校に通えず」https://www.jiji.com/jc/article?k=000001692.000005176&g=prt （2021.05.10アクセス）
7 ）UNESCO COVID-19 https://en.unesco.org/covid19/educationresponse （2021.05.10アクセス）
8 ）古野真（2020.04.15）SB-Jコラム「新型コロナの教え：健全な経済は、健全な環境と社会から生まれる」https://www.sustainablebrands.jp/article/sbjeye/detail/1196349_1535.html （2021.05.10アクセス）

ABSTRACT

Attempts to Make Teaching & Learning Materials on COVID-19:
Learning about SDGs as Real and Personal Issues

Hiromi Ishimori

(Miyagi Prefectural Sendai Nika Junior and Senior High School)

<Keywords: COVID-19 / SDGs / Global Issues / One's Own Issues / Making Teaching / Learning Materials>

The objective of this paper is to explore some new perspectives on designing classes from the view of international education and to provide some ideas for creating teaching and learning materials on COVID-19.

The global COVID-19 pandemic has made us realize that we are truly living in a global society. Infectious diseases are considered global issues in terms of health and sanitation, which are also related to Goal 3 of the SDGs, "GOOD HEALTH AND WELL-BEING", and Goal 6, "CLEAN WATER AND SANITATION". On the other hand, compared to other issues such as human rights, peace, or the environment, infectious diseases are not actively treated as teaching and learning topics.

However, after the outbreak of COVID-19 in 2020, we have had to re-acknowledge that infectious diseases are critical global issues, and the pandemic has exposed various problems we are facing after their emergence.

Are there any educational approaches or ways to make use of this experience and the issues we are facing right now?

When designing lessons on global issues, awareness of involvement or sense of ownership are sometimes mentioned. They are thought to be key factors in promoting willingness to take action to solve problems. In my opinion, materials using COVID-19 will contribute to fostering such an awareness and sense.

In this paper, I will investigate the possibilities of treating COVID-19 as a global issue in schools. I will also attempt to offer some suggestions on creating new materials based on this pandemic around the world.

A few examples of practices in high school and university and the respective students' comments are introduced to discuss possibilities for learning through the pandemic. In high school, as a part of their integrated study, papers on the problem of infectious diseases and COVID-19 were assigned to the students once a month (in total twice for two months) while school was closed due to COVID-19. Another class I created and taught, named "COVID-19 and Global issues", was conducted in a university using an active learning style.

In the conclusion, it will be shown that educational practices connected with COVID-19 are expected to be an effective new approach to raise students' citizenship and global awareness. It is important not to miss this chance to make students a little more concerned about social issues, and a timely and appropriate approach can attract students' attention. In order to develop students' awareness as global citizens, we need to create new educational materials and build a track record of practice.

コロナ禍における韓国の外国人留学生受入の現状と政策

塚田 亜弥子
（東京大学）

〈キーワード：韓国／留学生政策／コロナ〉

1. はじめに

　本稿は、コロナ禍における韓国の留学生受入の様相と留学生政策を文献調査によって明らかにし、我が国の留学生政策への示唆を得ることを目的とする。まず、背景となる韓国の感染状況に触れた上で、留学生受入に係る政府レベル及び大学レベルの対応と留学生の量的状況を概観する。次に、ポストコロナを見据えて計画された留学生政策の概要を確認し、高等教育に共通点の多い我が国への示唆を考察する。なお、コロナ禍への全般的な対応は、留学生にも共通する部分のみにふれ、本稿では留学生に焦点を当てて報告する。

　2019年末に発生したコロナ禍の防疫のため、多くの国々が出入国制限を課したことは、国境を越えた移動を伴う留学生の派遣及び受入に多大な影響を及ぼした。韓国の感染者数は、2020年3月に6千名を超えたが、翌月には1千名以下に封じ込め、政府はこれをK-防疫と称し模範例であると喧伝した。しかし、秋学期直前の2020年8月に再び感染者数は6千名に迫り、その後、一旦は小康状態を保ったものの、2020年12月には2万6千人を超え、2021年に入ってからは1万人台で推移する状況にある[1]。感染拡大本格化当初（2020年2月）は、旧正月に帰省した中国人留学生の新学期前の再入国と新入中国人留学生の入国のタイミングと重なり、韓国では留学生が感染拡大の引き金となりかねないという社会不安が高まっていた。一方、18歳人口減少下で財政状況の厳しい大学は存続上の理由

から留学生受入の継続を必要としており、政府は留学生を安全に受入れていくための対策とニューノーマルに応じた新たな留学生政策の立案を求められていた。

2. コロナ禍の留学生受入に係る政府及び大学の対応

　政府レベルで行われた対応は、次の通りである（表1参照）。まず、2020年1月末に、教育部（文部科学省にあたる）は、留学生が多数在籍する大学と新学期開始（3月）を前に協議を行い、続けて2月5日には政府合同で会議を開催し、留学生の空港特別入国手続き実施、入国後2週間の自己隔離、大学による留学生管理を含む対策を発表した（教育部 2020a）。2月中旬に地域社会における留学生経由の感染拡大不安が高まると[2)]、教育部長官自らが、大学の留学生管理の現場点検を実施し、首相も留学生管理の徹底を強調し、留学生に対する差別防止と地域社会に包容を呼び掛けた（朝鮮日報日本語版 2020b）。法務部の留学生滞在期間延長手続きの大学代理申請拡大や（朝鮮日報日本語版 2020c）、ソウル市のマスク提供（朝鮮日報日本語版 2020f）など、国から自治体まで、留学生受入に徹底した感染防止対策を取ったのである。更に教育部は、留学生管理人件費、防疫物品、空港特別入国手続き対応等に42億ウォン（約3億8千万円）の予算措置を行うとともに（教育部 2020c）、対応にあたる人員配置と業務を法令により根拠づけて体制を強化した。そして中国政府と協議し、相互の留学生の出入国自粛、教育部の指針に基づく留学生への休学勧告、オンライン授業配信という対策を講じることで合意した。その結果、3月の新学期開始の時点（3月10日現在）で、中国人留学生の45.6％（3万955人）が韓国渡航を見合わせた（朝鮮日報日本語版 2020d）。留学生の韓国語能力を測る韓国語能力試験も、4月は延期、5月には中止と影響が及んだ（朝鮮日報日本語版 2020g）。学期末に近い6月に感染拡大が沈静化し始めると、韓国留学公式ホームページにコロナ禍での韓国留学生活の様子と安全性を留学生が紹介する動画が掲載された。2020年度下半期には、例年実施のオンライン韓国留学フェアに加え、留学生数減少の影響が著しい地方大学のオンライン留学説明会も行われた。更に補完のため海外に留学広報館も設置された（韓国大学新聞 2020）。9月には世界的な教育環境変化に対応して高等教育を革新するための「デジタル基盤高等教育革新支援方案（以下、デジタル方案）」

が発表されたが、デジタル方案において留学生受入の新たな形が模索されていた。これについては4.で後述する。

表1　韓国における政府レベルのコロナ禍関連留学生政策・対応（2020年）

時期	実施主体	政策・対応
1月末	教育部	コロナ19対応学生処長・国際交流処長協議会開催
2月5日	政府合同*1	留学生支援グループ拡大会議開催、総合的管理・対処策発表
2月16日	教育部	「中国入国留学生保護・管理方案」施行
2月16日	国立国際教育院*2	韓国留学公式ホームページに留学生受入方針掲載
2月中旬	教育部	長官による大学の留学生管理状況現場点検
	法務部	留学生滞在期間延長の大学代理申請を全大学に拡大
	ソウル市	留学生へのマスク提供
2月25日	教育部	コロナ19対応に42億ウォン予算措置
2月26日	教育部	「コロナ19対応大学及び留学生支援グループの設置・運営に関する規定：教育部訓令第328号」制定
2月28日	教育部	中国政府との協議により両国での留学生の休学勧告、オンライン授業実施、留学生出入国自粛に合意
4〜5月	国立国際教育院	韓国語能力試験の実施延期、中止
	韓国研究財団*2	教育国際化力量認証制の一部指標適用緩和
	国立国際教育院	韓国留学公式ホームページに留学生活紹介動画掲載
9月	教育部	「デジタル基盤高等教育革新支援方案」発表
10〜11月	国立国際教育院	地方大学オンライン留学説明会、留学広報館設置

出典：韓国大学新聞（2020）、教育部（2020a）、教育部（2020c）、朝鮮日報日本語版（2020b）、朝鮮日報日本語版（2020c）、朝鮮日報日本語版（2020d）、朝鮮日報日本語版（2020f）、朝鮮日報日本語版（2020g）を元に筆者作成
＊1　教育部、保健福祉部、法務部、外交部、行政安全部。
＊2　教育部所管で、国立国際教育院は留学生支援、韓国研究財団は大学支援の実施機関。

　大学レベルでは、2020年1月下旬より、中国との大学間交流事業や交換留学生受入の中止、大学付設韓国語教育機関の休講が報じられた（朝鮮日報日本語版2020a）。2月に入ると入学式等の行事中止が決定され、冬休み明けに再入国する中国人留学生の隔離用に学生寮の1つを中国人留学生専用とする大学もあった

（朝鮮日報日本語版 2020a）。政府方針に従い各大学は新学期開始を2～3週間延期し、3月中旬以降、オンライン授業が開始されたが、授業準備や配信サーバー整備の遅れによる問題が生じた[3]。語学力不足でオンライン授業についていくことが難しい留学生の授業満足度は低く、それが留学生誘致不振の一因となっているという報道も見られた（ソウル経済 2020）。一方、大学毎に留学生支援の工夫が行われ、例えばソウルの大規模私立大学の崇実大では、留学生担当部署の国際チームが留学生の抱える問題に次のように対処していた。オフラインでしていた周囲の人にちょっと聞いて解決するということができず、教員に質問しようにも連絡先が分からず立ち往生するという問題に、国際チームは留学生に密なコミュニケーションをとるよう教員へ働きかけていた。また、留学生がオンライン授業配信システムの使用方法に不案内であったり、語学力不足からオンライン授業スケジュールや課題締切日の連絡を理解できず、欠席したり、提出し損なうという問題があった。これに対してはベトナム語と中国語でオンライン授業配信システムのマニュアルビデオを作成したり、トークアプリでチャットルームを開設して外国人アシスタントが質問に回答するようにしていた（崇大時報2020）。

3. コロナ禍による留学生受入の量的変化

　コロナ禍の影響下にあった2020年4月1日現在の留学生数は153,695人で、前年比6,470人減と政府の留学生誘致政策が本格化した2000年以降最大の減少となった（教育部 2020c）。韓国の留学生統計は、例年、新学期開始翌月4月1日現在の人数を教育部が発表している。在学段階別（表2参照）では、語学研修が1万人以上、次いで交換留学等が7千人弱、前年より減少しているが、大学及び大学院の学位課程留学生数は増加した。国別（表3参照）では、近年増加傾向にあるベトナム、ウズベキスタンは前年より増加している。増加幅の大きいウズベキスタンは、朝鮮民族である高麗人が含まれることや、現地で韓国語教育を行う韓国教育院が、留学生誘致センターに指定（教育部 2017）されていることも増加要因とみられる。なお、統計は在籍数のため休学中の留学生が含まれる。前節でふれた韓中政府間合意により中国人留学生に休学が勧告されたが、これは大学にとって授業料収入が欠損することを意味していた。ソウル経済（2020）は休学に

表2 在学段階別留学生数（2019、2020年）

在学段階	2019年	2020年	増減数
語学研修	44,756	32,315	− 12,441
大学	65,828	74,851	9,023
大学院	34,387	38,152	3,765
交換留学等	15,194	8,377	− 6,817
合計	160,165	153,695	− 6,470

出典：教育部（2019）、教育部（2020c）より筆者作成

表3 国別留学生数（2019、2020年）

国名	2019年	2020年	増減数
中国	71,067	67,030	− 4,037
ベトナム	37,426	38,337	911
ウズベキスタン	7,492	9,104	1,612
モンゴル	7,381	6,842	− 539
日本	4,392	3,174	− 1,218
米国	2,915	1,827	− 1,088
その他	29,492	27,381	− 2,111
合計	160,165	153,695	− 6,470

出典：教育部（2019）、教育部（2020c）より筆者作成

よる授業料収入の減収で窮状に陥った地方大学の様子を伝え、集団閉校を招きかねないと報じている。韓国では2012年に20万人の目標を掲げた留学生誘致政策「Study Korea 2020 Project」を打ち出し、2015年以降、留学生数は急増してきた（塚田・太田 2018b, p. 65）。しかし、予定の2023年までに目標人数を達成するには、次節で触れるポストコロナに対応した誘致の視点転換と新たなプログラムによる誘致拡大の実現が必須であるといえるだろう。

4. ポストコロナを見据えた留学生政策

　コロナによる教育環境変化への対応を目的として教育部が立案したデジタル方案の留学生受入関連部分については、教育部のアン・ジュラン教育国際化担当官が季刊誌『大学教育』第210号へ寄稿しており、本節では当該記事を中心としてこれをまとめる。アン（2020）はまず、コロナ禍で国家間移動が難しくなることから留学生減少が全世界的現象となり、従前の対面中心の教育方式による留学生誘致拡大の限界を指摘した。留学生誘致戦略に視点の転換が必要であり、オンライン・オフラインを問わず多様な教育方式とリソースの併用が求められていると主張した。ポストコロナ時代に必要とされる人材養成の基盤作りのため、国内外の学生間交流を促進し、オンライン授業や外国大学とのオンライン共同教育課程運営に関する規制を緩和予定であるとしている。オンライン授業規制緩和後の多様な留学生教育モデル開発が必要であり、2（オンライン）＋2（オフライン）学士課程や、学士（オンライン）＋修士（オフライン）課程、授業（オンライン）＋集中スクーリング（オフライン）モデル等、多様な形態のハイブリッド教育モデルの活用が想定されている。また、外国人である留学生の語学力の問題に配慮し、多様な言語による留学生用オンラインコンテンツ開発支援が計画されているという。なお、2020年春学期の実践を通じ、オンラインによる教育の質や効果が対面授業に比べて落ちることが課題となっていた（アン 2020, p. 51）。特に留学生の場合、時差もあることから留学生の本国や海外大学で行われるオンライン授業における即時的な対応が難しく、オフライン授業より質が下がることが懸念され、留学生に実質的な援助を行うための調査が必要だという認識が示されていた。そもそも大学の留学生受入体制の質保証制度として、教育国際化力量認証制があるが、コロナ禍では大学の状況を鑑み、一部指標の適用が緩和された。今後は留学生へのオンライン教育がニューノーマルとなって教育モデルの多様化が予想され、制度自体を対応した形にすることが計画されている（アン 2020, p. 50）。

5. 考察

　韓国のコロナ禍における留学生受入では、防疫対策、オンライン授業への適応

問題、留学生減少による大学の減収、留学生誘致等が課題となっており、日本と共通する部分も少なくないが、その認識や課題感には差異が認められた。例えば、日本の場合、文部科学省（2020）が競争的資金事業採択大学を対象に行ったアンケート結果を見ると、留学生減少による大学の減収を課題とする大学は多くない。しかし、韓国の場合はコロナ禍以前からの留学収支赤字、18歳人口減少、授業料値上凍結による大学財政逼迫から留学生受入は量的拡大を前提としており（塚田・太田 2018a）、留学生の授業料収入を重視する傾向にある。特に定員割れの多い地方大学を中心に減収の影響が大きいことが窺われた。そのため、コロナ禍でもオフラインでの留学生誘致に積極的に取り組み、感染防止策をとりながら留学生を受入れ続けるための予算が措置され、ポストコロナに早急に対応すべく2020年中に政策が立案されていた。留学生誘致を促進するため、オンライン授業をニューノーマルと捉えたプログラム導入の方針発表が急がれた背景として、オンライン授業の浸透が挙げられる。外国人学生の留学先選択に際し、伝統的な留学生受入大国である米国、英国、豪州とオンライン上で横並びに比較される状況下で、競合国との差別化が困難との認識から韓国の大学が選ばれるための独自の魅力作りの必要性が生じたといえよう。日本は2019年に留学生30万人計画の目標を一旦達成し、2021年5月現在、次なるポスト30万人計画の留学生政策は、教育再生実行会議の第十二次提言による発表が待たれるところである。ポストコロナを見据えた政策として、我が国においても視点の転換とオンラインを活用しながらも他国との差別化を意識したものとすることが必要とされるであろう。

【注】
1）疾病管理庁 http://ncov.mohw.go.kr/（2021年3月26日閲覧）。
2）教育部は行政対応の好事例集の1つに、コロナ禍で入国制限無しに留学生管理を実現したとして「留学生によるコロナ19拡散憂慮、大学開講時期に約66,000余名の中国人留学生入国予想、全ての外国人留学生について保護・管理必要（下線は筆者による。）」と表現していた（教育部https://moe.go.kr/（2021年3月26日閲覧））。
3）朝鮮日報日本語版（2020e）によると、授業配信サーバーのダウンがソウル近隣の15大学以上で発生したという。また、自宅録画講義が皿洗いの音混じりで聞こえなかったり、教員がオンライン講義を行おうとせず資料配布のみのケースも報道されている。

【引用・参考文献】

1）アン・ジュラン（2020）「コロナ19に対応した留学生政策方向」『大学教育』第210号、pp.46-51。
2）韓国大学新聞（2020）「コロナ時代、オンラインベース留学生誘致・・韓国留学博覧会来月17日まで」2020年10月19日。
3）教育部（2017）「韓国語補給のためタイ僻地に行った58名の教員」教育部。
4）教育部（2019）「国内外国人留学生統計」教育部。
5）教育部（2020a）「教育部、「汎部署留学生支援団拡大会議」開催」教育部。
6）教育部（2020b）「コロナ19関連中国入国留学生管理42億支出議決」教育部。
7）教育部（2020c）「国内外国人留学生統計」教育部。
8）崇大時報（2020）「続く非対面授業、外国人留学生の困難発生して・・」2020年9月15日。
9）ソウル経済（2020）「コロナで外国人留学生急減・・「地方大集団廃校事態」憂慮」2020年6月14日。
10）朝鮮日報日本語版（2020a）「韓国の各大学が入学式などを中止に　新型コロナウイルスの拡大を受け」2020年2月3日。
11）朝鮮日報日本語版（2020b）「「新たな感染者発生「厳しく認識」中国人留学生の管理を指示＝韓国首相」2020年2月16日。
12）朝鮮日報日本語版（2020c）「外国人留学生の滞在手続きが大学で可能に　新型コロナ防止対策＝韓国」2020年2月21日。
13）朝鮮日報日本語版（2020d）「中国人留学生　約3万1千人が韓国入国を見合わせ＝新型コロナ影響」2020年3月10日。
14）朝鮮日報日本語版（2020e）「開講初日、高麗・漢陽大など15カ所でオンライン講義が一時つながりにくい状態に」2020年3月17日。
15）朝鮮日報日本語版（2020f）「ソウル市　外国人にマスク10万枚提供へ＝留学生・健保未加入者対象」2020年3月31日。
16）朝鮮日報日本語版（2020g）「5月の韓国語能力試験　台湾を除き中止に＝新型コロナで」2020年5月13日。
17）塚田亜弥子・太田浩（2018a）「日韓における留学生10万人達成と留学生政策―留学生受入れにおける量と質の両立を中心に―」『比較教育学研究』第57号、pp. 89-110。
18）塚田亜弥子・太田浩（2018b）「韓国の高等教育改革と留学生政策」『カレッジマネジメント』第212号、pp.64-67。
19）文部科学省(2020)「「スーパーグローバル大学創成支援事業」及び「大学の世界展開力強化事業」採択校に対する緊急アンケート結果（第1回）の報告」文部科学省。

ABSTRACT

Hosting International Students during the COVID-19 Pandemic and International Student Policies in Korea

Ayako Tsukada

(The University of Tokyo)

<Keywords: Korea / international student policies / COVID-19>

The paper aims to elucidate the process and policies of hosting international students by the Korean government and Korean universities during the COVID-19 pandemic. In Korea, the rapidly declining population of university-aged residents has created a financial strain that requires universities to host international students, so the Korean government was required to formulate a policy for continuing the hosting of international students during the COVID-19 pandemic. The Korean government efficiently managed the entry of international students from China and all over the world while also protecting the Korean population from COVID-19 infection. After the first wave of the COVID-19 pandemic, the Korean government and Korean universities exerted a concerted effort to adapt and attract more students in the post-COVID world.

The number of degree-seeking international students increased from 2019 to 2020, but the total number of international students in Korea decreased. The number of international students in local areas dropped more than that in metropolitan areas. The local universities that depend on tuition revenue from international students suffered from the decrease in revenue. In 2012, the Korean government created the "Study Korea 2020 Project" with the goal of attracting 200,000 international students by 2023, but achieving this goal will require a shift in perspective and developing new education program for international students.

The Korean government has designed a higher education strategy that includes a plan for recruiting international students in the post-pandemic period. This plan pays due attention to the particular characteristics of international students and incorporates ideas and resources for new programs, as the efficacy of and enthusiasm for online education by international students remained low through the spring semester of 2020. The strategy also identifies the need for research to ensure the effectiveness of the support plan for international students. There are plans to update the International Education Quality Assurance System, a quality control system for accepting international student to Korean universities, for the new post-COVID environment.

Japan and Korea face many similarities in the issues that appeared during the COVID-19 pandemic, but the Korean situation differs from that in Japan in the following respects. Korean universities, especially in local areas, depend on tuition revenues from international students, and the Korean government has made great efforts to accept international students over several years. The Korean government has also understood the competitiveness of online education programs offered by the Korean universities by comparing them with those offered by other countries, and fast tracked a new higher education policy including recruitment of international students to differentiate itself in the market.

佐藤仁・北野秋男 編著
『世界のテスト・ガバナンス ―日本の学力テストの行く末を探る―』

牛 渡 淳
（仙台白百合女子大学）

　本書は、国際比較分析を通して、世界の学力テストをめぐるガバナンスの構造的特質を考察することをねらいとしている。本書の研究のねらいが、「世界の学力テスト」の研究ではなく、なぜ「世界の学力テストをめぐるガバナンス」の研究なのか？ そこに、本書の最も大きな特徴とねらいが隠されている。

　周知のように、我が国をはじめ、世界各国の教育政策において、学力テストの占める比重はきわめて大きくなっている。それは、日々の教育実践が学力テストの準備に向かっていることや、学力テストの結果が学校評価や教員評価につながりつつあることである。しかし、学力テストを導入しているという共通点はありながらも、その影響の度合いは各国で一様ではない。「なぜ、ある国では学力テストが教育政策や学校現場に与える影響力が強いのに、ある国ではそれほどの影響力がないのだろうか」。著者たちの問題意識の中心はここにある。この問いに答えるために、本書は、学力テストの是非そのものを議論するのではなく、「そもそも学力テストがどのような文脈や構造の中で存立し、そしてどのように機能しているのかを追求する」、すなわち、「学力テストが存立する構造や文脈に迫ること」をねらいとしている。そのために設定した視点が「ガバナンス」であった。その「ガバナンス」についても、学力テストが学校現場や教育政策に対して一定の統治・管理する力を働かせている状態、すなわち、「学力テストを通したガバナンス」と、そうした状態を導く「学力テストそのもののガバナンス」という2種類の「ガバナンス」の視点から研究を行っている。

　また、本書は、「国際比較研究」として行われているが、「国際比較分析」の方法論についてきわめて自覚的に、かつ、「構造的」に、学力テスト政策を比較分

析している点も重要である。それは、学力テストが、グローバルに普及している教育政策であると位置づけた上で（一般化）、学力テストを実施している国々の情報を整理して、そこから導き出された視点が、学力テストの影響力の度合い、そして、学力テストのハイステイクス性を巡る議論であった。そこで、各国をハイステイクスな国とロースティクな国に相対的に分類し、この分類に基づき、各国ではどのようにガバナンス構造になっており、それがどのように学力テストの影響力と関係しているのかを考察した（差異化）のである。この点、本研究は、比較研究における「一般化」と「差異化」の関係性の検討でもあると言える。また、その際、アメリカを基準軸として検討していることも特徴的である。その理由は、アメリカが、世界の中でも最も学力テストの影響力が強く、最も厳しい学力テスト政策が採用されている「ハイステイクス」な状態にある国であるためである。

　この分類に従って、本書は、三つの部、そして計10章から構成されている。

　第1部では、学力テストの影響力が強い国として、日本（1章）とアメリカ（2章、3章、4章）が取り上げられている。例えば、第3章では、「米国のハイステイクスな学力テスト活用モデル」と題して、学力テストを教員評価の指標とし、教員の人事に活用する「人事直結型」教員評価の導入について述べている。特に注目したいのは、なぜアメリカで、このような人事直轄型教員評価制度が導入されてきたのかを、NCLB法とその後の連邦教員政策の歴史をたどりながら明らかにしたことである。そして、2015年に制定された「すべての子どもが成功するための法（ESSA）」が、NCLB法による連邦政府の中央集権化政策への批判を背景として制定され、同法においては、州政府の教育権限を重視する傾向が見られ、ESSAのもとでの各州の教員評価法制が改革されつつあることを明らかにしている。例えば、ジョージア州では、教員評価における学力テストの占める割合が50％から30％に縮小されていることや、ユタ州では、州が策定するガイドラインに、学力テストを教員評価に活用することを禁ずるよう明記することが法定されており、多くの州において、教員評価への学力テストの活用を緩和し、授業観察などの手法を重視する法改正が行われているという。他方、教員評価を人事に活用することにについて法改正した州は極めて少ないという。同様の動きは、ニューヨーク州でも見られ、学力テストの活用に関して教員組合との団体交渉に委ねられ、各学校の裁量が高められているという。このようにアメリカにおいては、

現在、「人事直轄型教員評価」は継続しているものの、学力テストの教員評価への活用の程度については見直しが進められており、各地域の政治力学によってさらに変化する余地が大きいという。

　第2部では、学力テストの影響力をめぐってハイステイクスになる可能性がありながら、そうした影響力を抑えようと対峙している国として、オーストラリア（5章）とカナダ（6章、7章）が取り上げられている。例えば、第7章のカナダ・アルバータ州の場合、米国と比較して、テスト結果を懲罰的な学校評価や教員評価には用いず、あくまでも生徒の学習の改善のために利用しようとしている点に違いがあった。その背後には、様々な教育組織が、政策策定に関与することにより、教育現場の声を活かして、テストのみによるアカウンタビリティに基づく極端な改革へ舵を切ることがなかったのである。「ATAをはじめさまざまな教育組織が関与するガバナンス構造を構築している点に、同州最大の特徴を指摘できる」との指摘は重要である。

　第3部では、学力テストの影響やハイステイクス性を帯びる影が見えながらも、基本的には影響力は緩やかであり、ローステイクスな状態を保っている国として、ドイツ（8章）、韓国（9章）、ノルウェー（10章）が取り上げられている。

　たとえば、ノルウェーの教育は、伝統的に社会民主主義の伝統に支えられ、教師の自律性を特徴としたものであった。このモデルに変化が現れるのが1990年代後半から2000年代である。その要因が市場化、アカウンタビリティ、目標管理といったキーワードで特徴づけられる新自由主義的な教育改革の進展であり、この延長線上に2004年に導入されたのが、ノルウェーの学力テストであるナショナル・テストである。しかし、ノルウェーでは、「学力テストの結果が他の教育政策や制度（学校評価や教員評価等）と結び付けられるという仕組みは、基本的に存在していない」という。ではノルウェーにおいて、学力テストはどのような機能を有しているのか。それは、「評価を通じて児童生徒にフィードバックを提供すること」及び形成的評価論の一つである「学習のための評価」である。ノルウェーにおいては、こうしたローステイクスな学力テストは、学校や教師の自律性を重視するというノルウェーの教育的風土の上に成立しており、学力テストの結果が公開されるという仕組みについては、その危険性を巡る議論が尽きないという。

このように、学力テストを巡る各国の「多様性」の背景には、それぞれの国の様々な歴史的、政治的事情があることがよくわかる。その上で、では「我が国の位置づけは？」と改めて確認すると、すでに述べたように、我が国は、アメリカと並んだ「ハイステイクスな国」に分類されている。第1章では、アメリカではテスト結果による過度な評価や抑圧がなされている（評価結果に対する責任を追及するための制裁措置も伴う）、世界的に見ても、最も厳しい学力テスト政策が展開されているのに対して、「我が国は、現状はローステイクスに近い状態にあるものの、近年、日本でもテスト結果の公表や利活用の仕方、目標値の設定など、次第に米国型のハイステイクス・テストへと接近しつつある」と結論づけている。その上で、終章では、「日本の学力テスト体制が世界のテスト政策の中でも特異な点は、国が学習指導要領によって教育内容を決定し、検定制度によって教科書を刊行し、学力テストによって教育の達成状況を評価し、その結果を基に学校や教師に授業改善を促すという国家管理が徹底されている点にある。」「現在の日本の学力テストは、本書では現状は「ローステイクス性」を帯びつつ米国のハイステイクス性に接近しつつあると指摘したが、米国のような「学校・教員評価」「高校卒業要件」「学校の統廃合」などにも連動させるような政策を導入すれば、間違いなく米国以上に危険な学力テスト体制を招くであろう」と警告している。

　こうした文章から、我が国の学力テスト政策に対する著者たちの「危機感」が伝わってくる。そして、まさに、この危機感こそが本書執筆の最大の理由であったのではないかと考えられる。「まえがき」の以下の文章は、如実にそのことを物語っている。「学力テストを通して、子どもたちがどのくらいの学力を有しているのかを知ること、そしてそれをベースに子どもたちの学びの充実に向けた取り組みを展開すること自体を批判するつもりはない。問題は、子どもたちのための学力テストになっているのか、その一点にある。学力テストを教員評価に活用することは、子どものためだろうか。学力テストを使って、学校の責任、教員の責任を問うことは、子どものためだろうか。本書を通して、そうした根源的な議論が多くの場で展開できれば、編者として望外の喜びである」

　最期に、本書から、アメリカ研究者である二人の編著者がいずれも、アメリカのテスト政策に対して厳しい批判的なまなざしを持ち、それが我が国にも及んでくることに警戒感をもっていることに強い印象を受けた。一般的に、外国研究者

は、自らが研究対象としている国の制度等を優れたものとして取り上げ、無批判に我が国にその導入を提言することが多く、特に、アメリカ研究においてはその傾向が強いように感じてきた。しかし、編著者たちの視点は、そのような立場とは一線を画している。編著者たちが詳しいアメリカのテスト政策を国際的な視野から客観的に評価し、その上で、我が国のテスト政策の問題をあぶり出そうとする姿勢に共感を覚えた。大変知的刺激に満ちた、意欲的で、かつ、研究者としての良心を失わない著者たちの今後のさらなる研究の展開に期待したい。

（東信堂、2021年2月、A5判264頁、定価3,520円［税込］）

ロシア・ソビエト教育研究会、嶺井明子・岩崎正吾・澤野由紀子・タスタンベコワ、クアニシ 編著 『現代ロシアの教育改革―伝統と革新の＜光＞を求めて』

黒木 貴人
(福山平成大学)

　本書は、ロシア・ソビエト教育研究会（通称：ニコルスＨＩＫＯＰＣ）が総力を結集し、現代ロシアの教育改革の諸側面について描き出したものである。同研究会は、冷戦最中の1970年代、ソ連の教育について興味を持つ大学院生・研究者が開催していた研究会を源流とする。現在もその流れは連綿と受け継がれており、コロナ禍においてもオンラインを活用しながら定期的に国内外の研究者が議論を重ねている。そのように約50年に亘り築いてきた研究蓄積の成果が、本書には随所に顕われていると言える。それは、以下に示す3つの特徴から説明することができる。

　第1に、ロシア連邦を対象とした教育研究の射程範囲の広さである。本書は全5部18章からなる。まず第Ⅰ部（＋序章）では、新自由主義をひとつのカギ概念として、現代ロシア教育改革の全体像の輪郭が描かれる。第Ⅱ部においては、世界一広大な国土面積をもち、かつ多民族国家であるロシア連邦の「国民統合」がどのように進められようとしているかが描かれている。そのためのアプローチも、シティズンシップ教育、先住少数民族教育、言語教育、宗教教育、音楽教育と多面的である。それらの教育を担う教師がどのように養成され、どのような特徴を有しているかが第Ⅲ部では示される。そして第Ⅳ部では、教育のグローバル化への対応がロシア連邦においていかに進められているのかについて、高等教育、インクルーシブ教育の側面から描写されている。第Ⅴ部ではソビエト教育学、就学前教育、数学教育、ヴィゴツキーの心理学・教育学理論、補充教育（学校外教育）、さらには旧ソ連のエストニアの事例を通してソビエト教育（学）の遺産の再構築を試み、それらの視点から現代ロシアの教育改革の特徴をさらに厚みを持って描

き出している。

　一国の教育改革をどのように説明するかは、実は非常に困難を伴うものである。一言に教育／教育改革と言っても、当然のことながら様々な次元があり得るからだ。諸外国の教育を主たる研究対象とする比較教育学や国際教育等の分野に留まらず、教育哲学や教育方法学、教育社会学、教科教育、教育行政学など、様々な専門領域の研究者が集いあうニコルスだからこそ、本書のような多面的なアプローチを成し得ることができたと言えよう。

　第2の特徴として、ロシア国内の第一線の研究者が執筆者として多数名を連ねていることである。ただでさえ日本国内からはロシア連邦に関わる情報へのアクセスが難しい中で、現地研究者がどのようにロシア教育を見つめているのかを知ることができるのは、非常に貴重であると言えよう。ロシア連邦の学術をけん引するロシア科学アカデミーや、現代ロシアの教育改革へ直接的にも間接的にも影響を及ぼしている国立研究大学高等経済学院に所属する研究者による論稿の収録が可能になったのは、ニコルスのメンバーが長年に亘り直接現地を訪れ、彼らとの交流を重ねてきた賜物である。余談ではあるが、ニコルスの中ではまだ若手に位置する筆者が本書の分担執筆を担うことができたのも、彼らとの交流の機会をニコルス創設期からの先達に作っていただき、ロシアの教育改革の息吹を直接見聞きできたことが大きく関わっていると言える。

　第3に、これからのロシア教育研究の発展への貢献が強く意識されていることである。先述した全5部にわたる論稿の後に、ニコルスを創設期からリードされてきた川野辺敏氏の特別寄稿が収録されている。長年の研究の足跡を記しながら、「自分の目で見て、判断する」ことの大事さ、「人間の同質性の理解」に原点を置くこと等の指摘が為されている。これらの指摘は、諸外国の教育研究をする者にとって非常に重要な指針であると言えよう。そしてその後には巻末資料として、学校制度図やソ連時代及び現代ロシアの教科課程表、さらには文献案内・統計情報などのリンクが掲載されている。ロシアの教育についてより深く学びたい、研究したいと思う初学者にとって、川野辺氏の特別寄稿と巻末資料は大きな道標となるであろう。

　本書の表紙は、笑顔で映るロシアの子どもたちの姿が非常に印象的である。本書の副題は「伝統と革新の＜光＞を求めて」であるが、ロシアに限らず、子ども

たちはこれからの世界を照らしていく＜光＞である。教育を取り巻く伝統と革新のはざまで、我々はその＜光＞をどのように捉え、導かんとするか。ロシアのことを直接的に研究しない人たちにとっても、本書が描き出している現代ロシアの教育改革の様相から学べることは多いはずだ。

（東信堂、2021年4月、A5判406頁、定価3,960円［税込］）

日本国際教育学会規程集

日本国際教育学会規則

日本国際教育学会役員選挙規程

日本国際教育学会役員選挙規程細則

日本国際教育学会慶弔規程

学会賞・奨励賞の選考に関する規則

個人情報の取り扱いに係る申し合わせ

会費納入に係る申し合わせ

学会費及び振込先

日本国際教育学会規則

1990年 8月 8日発効
2002年11月15日改正
2008年11月15日改正
2009年 9月12日改正
2010年 9月11日改正
2011年 9月10日改正
2013年 9月28日改正
2014年 9月13日改正
2015年 9月12日改正
2016年 9月10日改正
2017年 9月 2日改正
2018年 9月29日改正

第 1 条　名称

本会は、日本国際教育学会（JAPAN INTERNATIONAL EDUCATION SOCIETY、略称JIES）と称する。

第 2 条　目的

本会は、国際教育に関する学術研究を行なうことを目的とする。

第 3 条　会員の資格及び構成

本会の目的に賛同する者は何人も会員になることができる。本会は、次に示す会員を以って構成する。

1）正会員（学生会員を含む）

理事会の審査により、研究経歴、研究業績及び所属機関団体がその要件を満たしていると認められた者。正会員中、学生会員とは、大学院生、大学院研究生等であり、理事会の審査で認められた者をいう。ただし、特定国の行政或いは特定機関団体の営利活動など、学術研究の制約される職務に携わる場合は、本人がその旨を申告し、その間、その地位を賛助会員に移すものとする。

2）賛助会員

本会の存在とその研究活動の意義を認め、それへの参加ないし賛助を希望する者、ただし、本人の申告により、理事会の審査を経て、その地位を正会員に移すことができる。

第 4 条　会員の権利義務

1）議決権及び役員選挙権

本会の運営に関する議決権、役員の選挙権及び被選挙権の行使は、正会員に限るものとする。

2）研究活動に参加する権利

正会員及び賛助会員は、研究会における研究発表、研究紀要への投稿、共同研究等、本会の主催する研究活動に参加することできる。

3）会費納入の義務

会員は、所定の会費を納入する義務を負う。会員の地位及び国籍による会費の額は、総会において決定する。会費を滞納し、本会の督促を受け、それより1年以内に納入しなかった会員は、会員の資格を

喪失する。ただし、名誉理事はこの限りでない。会員は、住所等移動の際は速やかに届出るものとし、通知等は届出先に送付すれば到達したものとする。会費滞納者は、本総会議決権を行使することができない。

4）研究倫理の遵守義務

会員は、相互に思想信条の自由を尊重し、本会を特定国の行政或いは特定機関団体の営利活動のために利用してはならない。

5）学会活動における公用語

総会、理事会、その他各種委員会の審議及び正式文書の公用語は日本語とする。ただし、研究会における研究発表、研究紀要への投稿は、この限りでない。

第5条　総会

1）本会の研究活動の企画立案及び実施に関わる最高決議機関は、総会である。

2）総会は正会員の過半数の出席を以て成立し、その決議は出席者の過半数の賛成を以て効力を得る。ただし、総会に出席できなかった正会員の委任状を、出席者数に加算することができる。

3）総会が成立しない場合は仮決議とし、総会終了後1ヵ月以内に異議が出されない場合は本決議とみなす。

4）理事会は総会に議案を提出することができる。

5）正会員は、全正会員の十分の一の連名を以て、総会に議案を直接提出することができる。この場合は、総会開催日の1ヵ月以前に同議案を学会事務局宛に提出するものとする。

6）賛助会員は、総会を傍聴し参考意見を述べることができる。

第6条　役員及び役員会

総会決議の執行に当たるために、本会に次の役員及び役員会を置く。

1）会長（1名）

会長は理事会において常任理事の中から互選され、任期は2年とする。会長は、年次総会及び臨時総会を開催し、その総会決議の執行に当たる。

2）副会長（1名）

副会長は理事会において常任理事の中から互選され、任期は2年とする。副会長は、会長を補佐し、会長が特段の事情によりその職務を遂行できない場合は、それを代行する。

3）常任理事

常任理事は正会員で会費納入者の中から正会員の投票によって選挙され、任期は2年とする。会長及び副会長を含む常任理事は、理事会を構成し、総会決議の執行に当たる。理事会は常任理事の過半数の出席を以て成立し、その決議は出席者の過半数の賛成を以て効力を得る。

4）特任理事

学会運営に係る特別な任務や学会活動の発展のため、必要に応じて特任理事を置くことができる。特任理事は会長が必要に応じて指名し、理事会が承認する。特任理事は理事会を構成し、総会決議の執行に当たる。任期は2年とする。

5）顧問

本会は顧問を置くことができる。顧問は会長が委嘱し、任期は会長の在任期間とする。

6）名誉理事

本会は必要に応じて名誉理事を置くことができる。名誉理事は理事会が委嘱し、任期は2年とする。名誉理事は、理事会に対し議案を直接提出することができる。その委嘱は会員の地位にはかかわりないものとする。ただし、再任を妨げない。

7）紀要編集委員会（委員長1名、副委員長1名、委員7名、幹事1名）

編集委員長は常任理事の中から、また、委員及び幹事は専門領域を考慮して正会員の中から、それぞれ理事会の議を経て、会長が委嘱する。副委員長は編集委員の中から互選する。委員は、紀要編集委員会を構成し、論文の募集、審査、紀要の編集、発行に当たる。紀要編集規程は、これを別に定める。

8）学会事務局（事務局長1名、事務局次長、事務局幹事若干名）

事務局長は理事の中から理事会の議を経て任命する。また事務局次長及び事務局幹事は会長によって正会員の中から任命される。いずれも任期は会長の在任期間とする。事務局次長及び事務局幹事は、理事会に臨席することができる。会長及び副会長は、事務局長、事務局次長、事務局幹事及び紀要編集幹事と共に学会事務局を構成し、本会運営のための実務遂行に当たる。学会事務局の設置場所は、会長がこれを定める。

9）会計監査（2名）

会計監査は総会において選任し、任期は2年とする。会計監査は、本会の予算執行の適正如何を検査し、その結果を総会に報告する。

10）選挙管理委員会（委員長1名、委員4名）

選挙管理委員会委員長及び委員は総会において正会員及び賛助会員から互選し、常任理事の任期満了に伴う選挙の公示、投票、集計、証拠書類の管理、新常任理事の指名に当たる。任期は当該選挙事務の完了までとする。選挙規程は、これを別に定める。

11）役員の兼務の禁止

総会決議の執行に当たる役員は、特定の定めのある場合を除き、二つ以上の役員を兼務してはならない。

第 7 条　研究委員及び研究協力者の任命

理事会は、共同研究の実施に当たり、その研究課題に応じて、正会員の中から研究委員を委嘱することができる。研究委員は研究委員会を構成し、その合意に基づいて研究協力者を委嘱することができる。

第 8 条　役員の罷免及び会員資格の停止

1）総会決議の執行に当たる役員であって本会の研究倫理の遵守義務に違反した者は、任期途中であっても、本総会において、全正会員の三分の二以上の議決を以て、これを罷免することができる。

2）本会の研究倫理の遵守義務に違反した会員は、総会に出席した正会員の三分の二以上の賛成を以て、その会員資格を停止することができる。ただし、当該会員には、その議決に先だって、自己弁護の

機会を与えるものとする。

第９条　学会賞

1）本会は、会員の研究活動の成果を顕彰し、また研究活動を奨励するために学会賞を設ける。

2）学会賞の選考に関する規則は別に定めるものとする。

第10条　会期

本会の会期は８月１日から７月31日とする。本会の会計年度もまた同様とする。

第11条　本規則の改正

本規則の改正は、総会に出席した正会員の三分の二以上の賛成を以て発議され、全正会員の三分の二以上の賛成を以て実施することができる。

第12条　細則

本会を運営するに必要な細則は理事会が定め、総会に報告する。

第13条　学会所在地及び取扱い金融機関

1）学会所在地

日本国際教育学会の第16期（2020-21年度）の学会所在地は、〒162-8433　東京都新宿区市谷本村町10-5　JICA地球ひろば　（公社）青年海外協力協会　佐藤秀樹気付とする。

2）金融機関

第16期中の学会名義の郵便局振替口座（口座名義：日本国際教育学会、口座番号：00130-7-124562）の代表者は、佐藤秀樹とし、同口座の登録住所は、前項の学会所在地とする。

第14条　設立年月日

本学会の設立年月日は1990年８月８日とする。

第15条　本規則の発効

本規則は、旧国際教育研究会規則の改正に基づき、1990年８月８日を以て発効する。

附則１　本改正案は2002年11月15日開催の総会終了後より施行する。

附則２　本改正案は2008年11月15日開催の総会終了後より施行する。

附則3	本改正案は2009年9月12日開催の総会終了後より施行する。
附則4	本改正案は2010年9月11日開催の総会終了後より施行する。
附則5	本改正案は2011年9月10日開催の総会終了後より施行する。
附則6	本改正案は2013年9月28日開催の総会終了後より施行する。
附則7	本改正案は2014年9月13日開催の総会終了後より施行する。
附則8	本改正案は2015年9月12日開催の総会終了後より施行する。
附則9	本改正案は2016年9月10日開催の総会終了後より施行する。
附則10	本改正案は2017年9月2日開催の総会終了後より施行する。
附則11	本改正案は2018年9月29日開催の総会終了後より施行する。

日本国際教育学会役員選挙規程

1990年　8月　8日発効
2002年11月15日改正
2008年11月15日改正
2010年　9月11日改正

第　1　条　　目的

　　　　　本規程は、日本国際教育学会規則（以下、本則という）第6条第10項の規定に基づき、総会決議の執行に当たる役員の選挙を円滑かつ公正に行なうことを目的として制定する。

第　2　条　　選挙人及び被選挙人

　　　　　役員の任期満了4ヵ月以前に入会を認められ、かつ当該会期から起算して3会期以内に会費の納入が確認された全正会員は、選挙人及び被選挙人となることができる。なお、被選挙人の確定後投票締め切り日までに入会を認められ、かつ会費を納入した正会員、あるいは滞納分の会費を納入した会員は、選挙権のみ認められるものとする。この場合においては、選挙管理委員会の承認を得ることとする。

第　3　条　　名簿の作成

選挙管理委員会は、第2条（選挙人及び被選挙人）に基づき、次期役員の選挙にかかわる選挙人及び被選挙人を確定し、その名簿を作成する。

第 4 条　選挙の公示

選挙管理委員会は、役員の任期満了3ヵ月以前に、被選挙人名簿及び選挙管理委員会印を捺した投票用紙を全選挙人に同時に発送し、投票を求める。この発送日を以て選挙公示日とする。

第 5 条　投票用紙への記載

投票用紙への記載は、日本国際教育学会役員選挙規程細則にもとづき、首都圏ブロック、地方ブロック（首都圏ブロック以外）ともにその理事定数以内の連記とする。

第 6 条　投票の形式

投票は、郵送による秘密投票とする。

第 7 条　投票数の確定

投票期間は、選挙公示日から起算して30日以上60日以内の範囲で選挙管理委員会の定めた日までとし、同日までに到着した分を以て締め切り、投票数を確定する。

第 8 条　開票及び集計

選挙管理委員会は、投票数の確定後、速やかに開票し集計を行なう。投票用紙の判読及び有効票の確定は、専ら選挙管理委員の多数決による。

第 9 条　開票作業の公開

開票作業は公開とし、会員は開票作業に立ち会うことができる。ただし、選挙管理委員会は、立ち会い人の数を開票作業の妨げにならない範囲に制限することができる。

第10条　新役員の指名

選挙管理委員会は、その集計終了後、速やかにその結果を口頭及び文書で理事会に報告しかつ当選者を新役員に指名する。ただし、選挙管理委員長の署名捺印した文書による報告及び指名を正式のものとする。

なお、新役員の当選者が学生会員である場合、当該当選者を正会員とすることをもって、特任理事となることができる。この場合、理事会による承認を得るものとし、本則第6条第4項にある特任理事の人数には加えないこととする。

第11条　証拠書類の管理

当該選挙に関わる証拠書類は、選挙管理委員の全員がその内容を確認し、その目録に署名捺印した上、密封して保存する。ただし、その保存責任者は選挙管理委員長とし、保存期間は新役員の任期満了までとする。

第12条　欠員の補充

選挙管理委員会は、役員に欠員の生じた場合は、次点の者を繰り上げて役員に指名する。得票数の同じ次点が複数存在する場合は、抽選により当選者を決定する。ただし、その任期は、先任者の残りの任期とする。

第13条　本規定の改正

本規定の改正は、本則第11条に定める改正手続きに準じるものとする。

第14条　本規定の発効

本規定は、1990年8月8日を以て発効する。

附則1　本改正案は2002年11月15日開催の総会終了後より施行する。

附則2　本改正案は2008年11月15日開催の総会終了後より施行する。

附則3　本改正案は2010年9月11日開催の総会終了後より施行する。

日本国際教育学会役員選挙規程細則

2010年　9月11日発効
2015年　9月12日改正

第　1　条　正会員の所属ブロック

1）日本国際教育学会役員選挙規程に定める役員選挙に関わる正会員の所属ブロックは次のとおりとする。

1. 首都圏ブロック　東京、神奈川、千葉、埼玉

2. 地方ブロック　首都圏ブロック以外

2）正会員の所属ブロックは本務勤務地（学生の場合は在籍大学の所在地）とする。勤務先のない正会員の所属ブロックは住所地とする。

第 2 条　理事選出

日本国際教育学会規則第6条3）に定める理事は、首都圏ブロックと地方ブロックに区分して選出する。

第 3 条　理事定数

日本国際教育学会規則第6条3）に定める理事定数は、原則として、役員選挙実施年度の3月31日現在の会員数にもとづき、首都圏ブロックおよび地方ブロックの会員数10名につき理事1名の割合で按分し、理事会にて審議決定の上、選挙時に公示するものとする。

第 4 条　投票

役員選挙は、正会員（学生正会員を含む）が首都圏ブロックに所属する被選挙人のうちから当該ブロックの理事定数分の人数を、地方ブロックに所属する被選挙人のうちから当該ブロックの理事定数分の人数を投票するものとする。

日本国際教育学会慶弔規程

2011年 9月10日発効

第 1 条　顧問、会長、副会長（以上、経験者を含む。）、名誉理事および会員に顕著な慶事があった場合には、学会として、慶意を表す。顕著な慶事および慶意の内容については、理事会において審議し決定する。

第 2 条　学会活動に多大な貢献を行い、継続して学会の発展に寄与したと認

められる顧問、会長、副会長（以上、経験者を含む。）、名誉理事および会員が死亡した場合には、学会として、次のような方法により、弔意を表す。弔意を表す対象者およびいずれの方法によるかについては、遺族の意向を尊重しつつ、理事会の助言に基づき、会長等が決定する。

1）弔電

2）香典（1万円以内）

3）献花

4）弔辞

5）ニューズレターにおける追悼記事

6）ニューズレターまたは紀要における追悼特集

附則　本改正案は2011年9月10日開催の総会終了後より施行する。

学会賞・奨励賞の選考に関する規則

2012年 9月29日発効
2016年 9月10日改正

第 1 条　学会賞の名称

学会賞の名称を「日本国際教育学会学会賞・日本国際教育学会奨励賞」（以下、賞）とする。

第 2 条　賞の対象

1）学会賞は、本会の会員が発表した国際教育学の顕著な研究業績で、会員から自薦・他薦のあった論文と著作を対象とする。

2）奨励賞は、1）に準じ、かつ国際教育学の発展に寄与することが期待される萌芽的な研究業績で、会員から自薦・他薦のあった論文と著作を対象とする。

3）会員が自薦・他薦できる研究業績は、会員1人当たり合わせて1

点とする。

4）自薦・他薦の対象となる研究業績は、日本国際教育学会紀要『国際教育』に掲載された論文及び国内外において刊行された日本国際教育学会員の研究著書とする。

第　3　条　　賞の選考

1）賞の選考は、日本国際教育学会学会賞選考委員会（以下、選考委員会）が行い、選考結果を会長に報告する。

2）賞の選考は、2年間を単位とし、この間に発表されたものとする。

3）自薦・他薦の方法及び選考方法については選考委員会が別に定める。

第　4　条　　選考委員会

1）選考委員会は委員長、委員4名（副委員長を含む）の5人から構成する。ただし、対象論文と著作の内容によっては、選考委員（査読委員）を追加することができる。

2）委員長は常任理事の中から、また、委員及び幹事は正会員の中から会長が指名し、それぞれ理事会の議を経て委嘱する。副委員長は選考委員の中から互選する。委員のうち1人は紀要編集委員の中から選任する。

3）選考委員会の委員の任期はいずれも2学会年度とする。

第　5　条　　受賞点数

論文と著作の受賞点数は、2年間で合わせて2点ないし3点程度とする。

第　6　条　　賞の授与

1）賞の授与は、会員1人につき論文と著作のそれぞれについて1回を限度とする。

2）賞の授与は、年次大会総会において行う。

3）賞の授与は、表彰のみとする。

第　7　条　　選考委員会への委任

この規則に定めるものの他、必要な事項は選考委員会が決定する。

第　8　条　　規則の改定

本規則の改正については、理事会の議を経て総会の承認を得るもの
　　　とする。

附則1　　本規則は2012年9月29日より施行する。

附則2　　本改正案は2016年9月10日開催の総会終了後より施行する。

個人情報の取り扱いに係る申し合わせ

2012年 9月29日　2012年度第1回理事会決定

日本国際教育学会規則第4条「会員の権利義務」第2項「研究活動に参加する権利」および第3項「会費納入の義務」に関し、本学会が会の運営のために収集した会員の個人情報の取り扱いに関する申し合わせを次のように定める。

1．収集の目的と対象

　学会の学術研究のための会務および活動を行うため、会員あるいは本学会の活動に参加を希望する非会員から、第2項に定めるような特定の個人が識別できる情報を必要な範囲で収集する。個人情報収集の際は、その目的を明示するとともに、情報の提供は提供者の意思に基づいて行われることを原則とする。

2．個人情報の範囲

　特定の個人が識別できる情報の範囲とは、会員の氏名、所属・職名、生年月日、国籍、連絡先（［自宅住所、自宅電話番号、自宅ファックス番号、自宅電子メールアドレス］、［所属先住所、所属先電話番号、所属先ファックス番号、所属先電子メールアドレス］）、研究領域・テーマ、主な研究経歴・業績、会費納入状況、その他の学会賞の選考や役員選挙等に必要な情報を指す。

3．情報開示の目的

　1）会員の個人情報は、本学会の目的の達成および本学会の運営のため、ならびに会員相互の研究上の連絡に必要な場合に、必要な会員に開示する。開示を受けた会員は前述した目的以外の目的のために個人情報を使用してはならな

い。

2）理事、事務局構成員などの役職にある者の氏名と役職名は、本学会ホームページ、紀要、ニューズレター等において開示される。

４．情報開示の範囲

本学会の理事、事務局構成員、各種委員会の委員は、その職務に必要な限りにおいて、本学会が収集した個人情報を本申し合わせ第１項のもとに知ることができる。それ以外の会員は、会員の氏名、所属・職名、国籍、連絡先（［自宅住所、自宅電話番号、自宅ファックス番号、自宅電子メールアドレス］、［所属先住所、所属先電話番号、所属先ファックス番号、所属先電子メールアドレス］）、研究領域・テーマを、情報提供者の同意を原則として、個人情報保護法および関連する諸規則のもとに知ることができる。

５．情報の譲渡

個人情報は原則として会員外への開示および譲渡を禁止する。但し、本学会の運営のため、あるいは本学会の活動の目的達成のために理事会において承認された場合はこの限りではない。また、役員が在任期間中に知り得た会員の個人情報は、その役を退いた時は速やかに適切な方法により破棄することとする。

６．会員名簿の発行と取り扱い

本学会は会員の名簿を発行する。会員名簿は、本学会の活動、役員の選挙、および研究上の連絡のために作成し、必要な情報を提供者の同意のもとに掲載する。同意が得られない場合は、その情報を掲載しない。会員は名簿を第三者に譲渡・貸与してはならない。また、その管理には十分に留意し、紛失等がないようにしなければならない。会員名簿は本学会の運営および研究上の連絡のためにのみ使用する。

７．個人情報の管理・保存・破棄

本学会会員の個人情報は適切に管理し、外部への漏洩、改ざん、または紛失のないようにする。個人情報を記載した文書の保存や破棄については、その内容と種類に応じて理事会で決定する。

８．申し合わせの効力・改正

本申し合わせの改正は理事会の決議を経て行い、会員には本学会ホームページ、紀要、およびニューズレター等で告知する。改正の効力は、改正以前に収集さ

れた個人情報に及ぶものとする。

以上

会費納入に係る申し合わせ

2012年　9月29日　2012年度第1回理事会決定

日本国際教育学会規則第4条「会員の権利義務」第3項「会費納入の義務」に関する申し合わせを次のように定める。

1．会費納入と紀要の頒布

会費未納者に対しては、その未納会費の年度に対応する学会紀要の送付を留保する。

2．会費納入と大会・研究会等での発表資格

研究大会および春季研究会における発表申込者（共同研究者を含む場合はその全員）は、会費を完納した会員でなければならない。入会希望者の場合は、発表申込期限までに入会申込を行い、当該大会・研究会開催日までに理事会において入会の承認がなされていなければならない。

3．会費納入と紀要投稿資格

学会紀要への投稿者（共同執筆者がいる場合はその全員）は、投稿締切日までに当該年度までの会費を完納している会員でなければならない。入会希望者の場合は、投稿締切日までに理事会において入会が承認され、当該年度の会費を納入していなければならない。

4．会費納入と退会

退会を希望する会員は、退会を届け出た日の属する年度までの会費を完納していなければならない。退会の意向は学会事務局に書面をもって届け出るものとする。

5．会費納入催告の手続き

会費が3年度にわたって未納となっている会員は、次の手続きにより除籍する。ただし、名誉理事、および日本国外在住の者はこの限りではない。

1）未納2年目の会計年度終了後、当該会費未納会員に対し、会員資格を停止するとともに会費未納の解消を直ちに催告する。

2）未納3年目の会計年度末までに会費未納を解消しなかった会員の名簿を調製し、翌年度最初の理事会の議を経て除籍を決定する。

3）会費未納による除籍者は、会費完納年度末日をもって会員資格を失ったものとする。

6．会費未納と催告手段

会費が2年度にわたって未納であり、届け出られた連絡先への連絡をはじめとし、いかなる手段によっても連絡が取れない会員については、前項の規定にかかわらず会費完納年度末日をもって除籍とする。

7．会費納入期限

本学会の会期は8月1日から7月31日であり、会計年度もまた同様である。会員は、新年度の会費をなるべく9月末日までに払い込むものとする。

8．会費払込額の過不足の取り扱い

会費は、規定額を払い込むものとする。払込額が当該年度会費に満たない場合は、追加払込により満額になるまでは未納として扱う。払込額が当該年度会費の規定額を超過していた場合には、次年度以降の会費に充当する。

9．本申し合わせの効力・改正

本申し合わせの改正は理事会の決議を経て行い、会員には本学会ホームページ、紀要、およびニューズレター等で告知する。

以上

学会費及び振込先

会員の種類	年額（日本円）
正会員	10,000 円
賛助会員	7,000 円
学生会員	6,000 円
紀要定期購読	3,000 円
郵便振替口座	
口座名義	日本国際教育学会
口座番号	00130-7-124562
ゆうちょ銀行	
金融機関コード	9900
店番	019
預金種目	当座
店名	○一九店（ゼロイチキユウ店
口座番号	0124562

日本国際教育学会紀要編集規程

1990年11月25日　創立総会決定

2005年11月12日　第15回総会一部改正

2011年 9月10日　第22回総会一部改正

2012年 9月29日　　総会一部改正

第 1 条　目的

本規程は、日本国際教育学会規則（以下、本則という）第6条第5項の規定に基づき、紀要編集を円滑かつ公正に行い、学術水準の維持と向上を図ることを目的として制定する。

第 2 条　編集委員会

1）編集委員会を構成する者の任期は2年とする。ただし、再任を妨げない。

2）編集委員長は、編集委員会の召集、司会、及び本規程で別に定める任務の遂行に当たる。ただし、委員長が特別の事情によりその任務を果たせない場合は、副委員長がこれを代行する。

3）編集委員会は、編集委員長及び副委員長を含む編集委員の過半数の出席を以て成立する。ただし、編集委員会に出席できない委員の委任状を出席者数に加算することができる。

4）編集委員会は、それに欠員の生じた場合は、直ちに理事会に補充を要請するものとする。

第 3 条　審査権及び編集権

編集委員会は、投稿ないし寄稿原稿の審査及びその編集に関わる一切の権限を有しその義務を負う。原稿の審査及び採否の決定は、専ら編集委員会の合議による。また、編集委員会は、投稿（寄稿）者等との間で、紀要出版に関わる協定を締結するものとする。協定内容については別に定める。

第 4 条　紀要の名称

　　　紀要の正式名称を『日本国際教育学会紀要』とする。ただし、編集委員会は、その編集方針ないし企画に応じて、表紙に特定の標題を掲げることができる。

第 5 条　紀要の内容

　　　紀要の内容は、論文、研究ノート、調査報告、教育情報、書評、資料紹介、その他を以て構成する。

第 6 条　投稿及び寄稿

　　1）正会員及び賛助会員は、論文、研究ノート、調査報告、教育情報、資料紹介の全てについて自由投稿の権利を有する。非会員が投稿を希望する場合は、予め入会を申し込まなければならない。投稿要領は、これを別に定める。

　　2）編集委員会は、その編集方針ないし企画に応じて、会員及び非会員に寄稿を依頼することができる。

　　3）編集委員会を構成する者の投稿は妨げない。

第 7 条　審査手続き

　　　審査は、次に示す第1段審査と第2段審査からなる。

　　（1）第1段審査

　　　1）投稿論文は、第1段審査を経なければならない。

　　　2）第1段審査は、投稿者の氏名及び所属を伏せて行う。

　　　3）編集委員長は、編集委員の中から専門性を考慮して各論文につき2名の審査担当者を指名する。ただし、編集委員の中に適任者を欠く場合は、その1名を編集委員以外の会員ないし非会員に委嘱することができる。

　　　4）編集委員会を構成する者の投稿論文の審査については、その審査担当者は1名を編集委員以外の会員ないし非会員に委嘱しなければならない。

　　　5）編集委員長は、論文の原本を保管し、投稿者の氏名及び所属を伏せた論文複写を2名の審査担当者に送付する。

　　　6）審査担当者は、相互に独立して審査を行い、その審査結果を文

書として編集委員会に提出する。

7）編集委員会は、審査担当者の提出した文書に基づき合議し、採否を決定する。

8）編集委員会を構成する者の投稿論文の審査に際しては、投稿者の同席を認めない。

9）採択が期待される原稿であって、なお再考ないし修正を要する箇所があると判断されるものについては、それに条件を付して採択することができる。

(2) 第2段審査

1）第1段審査において条件を付して採択された投稿論文と研究ノート、及び寄稿論文、調査報告、教育情報、資料紹介は、第2段審査を経なければならない。

2）第2段審査は、投稿者ないし寄稿者の氏名及び所属を明示して行うことができる。

3）第1段審査において条件を付し採択された投稿論文については、再考ないし修正の結果を審査し、採否を最終決定する。

4）編集委員会の依頼による寄稿論文については、前項(1)の3)、6)、7)及び9)の審査手続きに準じて審査する。

5）調査報告、教育情報、資料紹介については、編集委員長を審査担当者として審査を行い、編集委員会の合議により採否を決定する。ただし、採択に際して、再考ないし修正の要求等、必要な条件を付することができる。

第 8 条　採否の通知及び証明

編集委員会は、採否が最終決定した原稿については、投稿者ないし寄稿者にその旨通知しなければならない。また、委員長は、採択が最終決定した原稿については、投稿者ないし寄稿者の求めがあれば、その証明を発行することができる。

第 9 条　倫理規定

1）寄稿依頼については、専ら専門的学識ないし社会的実績を基準とし、特定の社会集団に偏らないよう配慮して、編集委員会の合意

によりなされなければならない。

2) 編集委員会は、投稿ないし寄稿原稿のいずれに対しても、その審査過程において加筆や修正を施してはならない。

3) 守秘義務

編集委員会は、投稿者ないし寄稿者の利益と名誉に配慮し、原稿の内容、審査の経過及び結果の全てに関し守秘義務を負う。

4) 不服申し立てに対する回答

編集委員会は、原稿の審査及びその編集について不服の申し立てがあった場合は、文書により必要な回答を行うものとする。ただし、その回答は、編集委員会の総意に基づき、委員長ないし審査担当者が行い、回数は2回以内に限るものとする。

5) 偽作、盗作、二重投稿等の事実が判明した場合は、採択ないし掲載の事実を取り消し、その旨を告知する。

第10条 刊行及び頒布

紀要の刊行は原則として毎年度1回とし、有償頒布するものとする。ただし、正規の会費を納入した会員及び理事会が必要と認めた機関、団体、個人に対しては無償配布とする。

第11条 著作権

紀要に掲載された論稿等については、その著作権のうち、複製権（電子化する権利を含む）、公衆送信権（公開する権利を含む）は、これを日本国際教育学会が無償で保有するものとする。

第12条 記事の転載

第11条および第12条第1項の規定にかかわらず、次の各号に定める場合には、紀要に掲載された論稿等の著作者は本学会の許諾を得ることなくその著作物を利用できるものとする。ただし、いずれの場合も、出典（掲載誌名、巻号、出版年、ページ）を明記しなければならない。

(1) 掲載誌発行日より1年を経過したものを著作者が著作物を著作者自身による編集著作物に転載する場合。

(2) 掲載誌発行日より1年を経過したものを著作者の所属する法人も

しくは団体等のウェブサイトに転載する場合（機関リポジトリへの保存および公開を含む）。

第１３条　本規定の改正
本規定の改正は、本則第9条に定める改正手続きに準じるものとする。

第１４条　本規程の発効
本規程は、1990年11月25日を以て発効する。

Provisions for Editing Bulletins of the Japan International Education Society

Article 1   **Objective**

The objective of these provisions is to maintain and improve the academic standard by means of conducting smooth and fair editing of the bulletin under the regulations of the Japan International Education Society (hereinafter called Main Provisions), Article 6 Paragraph 5.

Article 2   **Committee for Editing Bulletins**

1) The term of office designated for persons constituting the Committee shall be two (2) years and they may be re-elected.

2) The chairman of the Committee shall perform his or her duties such as calling Committee, presiding over the meeting and other duties separately specified in these Provisions, provided however, that if he or she cannot perform the duties due to any particular circumstances, the vice-chair man shall perform the duties in their place.

3) The quorum required for the Committee shall be a majority of the Committee members present, including the chairman and the vice-chairman of the Committee, however, letters of proxy submitted by regular members who cannot be present at the meeting may be added to the number of those present.

4) In the event of any vacancy of members, the Committee shall immediately request the Board of Directors to fill up such vacancy.

Article 3   **Rights to Examination and Editing**

The Committee shall be authorized to conduct any and all operations involved with the examination and the editing for manuscripts contributed, and shall have obligation to perform this. The examination and the decision of adoption shall be made by mutual consent. The Committee shall make an agreement with the contributor about the publication of their manuscript in the Bulletin. The contents of the agreement shall be decided and provided separately.

Article 4   Name of Bulletins

The official name of the bulletin shall be the "Bulletin of the Japan International Education Society". The Committee is entitled to bear any particular title on the surface cover in accordance with the editorial policy and its planning.

Article 5   Contents of Bulletin

Contents of the bulletin shall be composed of treatises, survey reports, educational information, book reviews, introduction of data, and others.

Article 6   Contributions

1) The regular and supporting members shall have the right of contribution without any limitation with regard to any kind of treatises, survey reports, educational information, introduction of data and others. If any non-member wishes to contribute, he or she should make a prior application for admission. The contribution procedures shall be provided separately.

2) The Committee is entitled to request for any contribution from the members or non-members according to the editorial policy and planning.

3) The contribution by members constituting the Committee shall not be restricted.

Article 7   Proceeding for Examination

The examination is composed of two stages, a first and second stage of examination.

(1) The first stage of examination

1) Every treatise contributed shall pass firstly through a first stage of examination.

2) The first stage of examination shall be conducted keeping contributor's names and their groups secrete.

3) The chairman of the Committee shall designate two (2) persons in charge of examining each treatise from the Committee members taking account of their professional area.

However, if any member is not qualified to be an examiner, the chairman is entitled to entrust the duty with any other member not belonging to the

Committee or with any other non-member as one of two such members for examination.

4) In examining the treatise contributed by members of the Committee, one of examiners with whom the examination is entrusted must be a member other than the Committee or be a non-member.

5) The chairman of the Committee shall keep the original treatise and deliver two (2) copies of such treatise to two (2) examiners with contributor's names confidential.

6) Persons in charge of examination shall examine papers independently from each other, and submit the results in writing to the Committee.

7) The Committee shall hold a meeting to determine the adoption of said document by mutual consent presented by such examiners.

8) Any contributor who is a member of the Committee shall not be permitted to be present in examination of his or her treatise.

9) If any treatise is recommended to be adopted but part of which is required to be reconsidered or modified at the discretion of the Committee, the treatise may be adopted conditionally with due regard to such part.

(2) The second stage of examination

1) Any such treatise adopted conditionally, and survey report, educational information, and introduction of data, shall pass through the second stage of examination.

2) The second stage of examination shall be conducted with contributor's names and their group names disclosed expressly.

3) With reference to the contributed treatise adopted conditionally at the first stage of examination, such a part reconsidered or modified shall be examined to determine finally whether it should be adopted.

4) Any treatise contributed through the request from the Committee shall be examined subject to the examination proceedings specified in the preceding paragraphs (1) 3), 6), 7) and 9).

5) Survey reports, educational information, and the introduction of data shall be examined by the chairman of the Committee as chief examiner,

and the adoption shall be determined by mutual consent of the Committee, provided that any additional conditions necessary for it's adoption may be established such as the request for reconsideration or modification.

Article 8   **Notification and Certificate of Adoption**

Upon finally deciding to adopt the manuscript, the Committee must notify the contributor of said adoption. The chairman of the Committee may also issue its certificate upon request from the contributor for said manuscript as finally determined in the adoption.

Article 9   **Ethical Provisions**

1) The request for contribution shall be made under agreement among members in the Committee exclusively based on the special scholarship or social results, while taking care not to have a bias toward any particular group.

2) The Committee shall not add any matter nor introduce any modification to the manuscripts under examination.

3) Secrecy maintenance

The committee shall maintain its secrecy obligation for any and all contents of manuscripts, the progress of the examinations, and the results for the benefit and the honor of contributors.

4) Reply to raised objection

The Committee shall make a necessary reply in writing to any objection raised against the examination and the editing of the manuscripts. However, the reply shall be given by the chairman of the Committee or examiners in charge based on the unanimous agreement of the Committee but limited up to two times per manuscript.

5) Should it turn out that the manuscript is counterfeit, plagiarized or one which has been published already or is under consideration for publication elsewhere, its adoption or publication shall be withdrawn and the fact will be made public.

Article 10   **Publication and Distribution**

The bulletins shall be published once a year in principle with charge, provided that they are distributed free of charge to any member who have duly paid the members fee or to such institutions, groups or individuals as particularly approved by the Board of Directors.

Article 11   Copyright

With regard to the copyright of articles carried in the bulletins, the Society holds the right of reproduction (including the right to digitize articles) and the right of public transmission (including the right to make articles public) without compensation.

Article 12   Reprint of Articles

Notwithstanding the provisions of Article 11 and paragraph (1) of Article 12, authors who fall under any of the following items can reproduce their articles carried in the bulletins without any consent from the Society. However, in either case below, the name of the bulletin, volume and issue number, year of the publication, and page numbers should be specified.

(1) If an author wishes to reprint his or her article in a book he or she is currently writing or editing, after one year has elapsed since the publication of the original articles.

(2) If an author wishes to reproduce his or her article on the web site of the institution he or she is affiliated with, after one year has elapsed since the publication of the original articles (including archiving and publications in the institution's repository).

Article 13   Amendment of These Provisions

Any amendment of these Provisions shall be subject to the procedure for amendment stipulated in Article 9 of the Main Provisions.

Article 14   Effective Date of These Provisions

These Provisions shall be effective on and after November 25, 1990.

日本国際教育学会紀要『国際教育』第28号投稿要領

　日本国際教育学会紀要編集委員会では『国際教育』第28号の発刊に際し、自由投稿研究論文、研究ノート、調査報告、教育情報、資料紹介を募集いたします（2022年3月1日必着）。投稿希望の会員は以下の要領にしたがって投稿して下さい。なお、投稿原稿の募集に関しては、本学会公式ウェブサイト（http://www.jies.gr.jp/）の「学会紀要」のページで「編集規程」および「投稿要領」に関する最新情報を必ず確認するようにして下さい。

1．投稿要領（論文・その他）
（1）投稿資格

　　　投稿資格は、日本国際教育学会の会員に限られる。投稿に際して、入会審査が完了していること、当該年度の会費を完納していることが投稿の条件となる。

（2）投稿論文（等）のテーマ

　　　論文（等）のテーマは日本国際教育学会活動の趣旨に沿うものとする。

（3）投稿原稿の要件

　　①　投稿原稿は、口頭発表の場合を除き，未発表のものに限る。

　　②　使用言語は、日本語、英語、中国語のいずれかとする。

　　③　他の学会誌や研究紀要などへの投稿原稿と著しく重複する内容の原稿を本誌に併行して投稿することは認めない。

　　④　前号に論文（等）が採用された者の連続投稿は原則として認めない。

　　⑤　本投稿要領に反する原稿は受理できない。

（4）投稿原稿の種類

　　①　研究論文：国際教育に関する理論的知見を伴う研究成果であり、独創性のある実証的または理論的な論考。

　　②　研究ノート：論文に準じ、断片的に得られた研究成果や調査成果であり、特に新しい知見、萌芽的な研究課題、少数事例、新しい調査・研究方法、などの発見・提起に関する考察で発展性のあるもの。

　　③　調査報告：国際教育に関する調査の報告であり、調査の目的と方法が明確で、なおかつ調査結果の分析と解釈が妥当で資料的価値が認められるもの。

　　④　教育情報：国際教育の参考となる研究・実践・政策等に関する情報で、

速報性と話題性の観点から研究上の価値が認められるもの。

　⑤　資料紹介：国際教育の参考となる資料の紹介であり、国際教育の研究と実践においてその資料を広く共有することの意義が認められるもの。

（5）原稿の様式

　①　原稿は、図や表、脚注を含めて全て横書き、ワープロ書き、10.5 ポイントとし、A4判用紙を使用することとする。

　②　和文、中文は、1行40字×40行（1,600字）で印字する。英文はダブル・スペース22行とする。

　③　執筆分量は下表の通りとする。

投稿原稿の別	ページ数制限
研究論文（Research Paper）	和文 10 ページ以内 英文 23 ページ以内 中文 6 ページ以内
研究ノート（Research Note）	和文 8 ページ以内 英文 19 ページ以内 中文 5 ページ以内
調査報告（Research Report） 教育情報（Research Information） 資料紹介（Data）	和文 5 ページ以内 英文 15 ページ以内 中文 3 ページ以内

　④　英文原稿はAmerican Psychological Association's Manual of Style, 7th Editionに準拠する。

　⑤　日本語及び英語でキーワード（それぞれ5つ以内）を挙げる。

　⑥　題目は12 ポイントとし、日本語・中国語の場合は副題も含めて30字以内、英語の場合は15 words以内とする。

　⑦　「注」と「引用・参考文献」は分けて記述する。「注」は注釈として用い、「引用・参考文献」は論文で用いた文献リストを論文末に挙げること。
　　　〈表記例〉
　　　【注】
　　　1）本稿では○○の対象を△△に限定する。

【引用・参考文献】

日本国際教育学会創立20周年記念年報編集委員会編（2010）『国際教育学の展開と多文化共生』学文社。

〈本文中の引用文献の表記例〉

文中の場合：伊藤（2004）によれば・・・

文末の場合：・・・（伊藤 2004, p. 10）。

⑧　原稿にはページ番号を付す。

⑨　審査の公平を期するため、提出する原稿において「拙著」「拙稿」の表現や、研究助成や共同研究者・研究協力者等に対する謝辞など、投稿者名が判明するような記述は行わない。

⑩　投稿に際しては、十分に推敲を行うこと。特に外国語を使用する場合、誤字・誤記あるいは文法的誤りのないように十全の準備を行い投稿すること。

（6）原稿送付方法

①　投稿の際は、以下の3点（投稿原稿、要旨・日本語訳、別紙＜A4判、投稿原稿種の区分と連絡先＞）の電子ファイルを、原則としてemailにて下記アドレスに提出する。

②　原稿は、Microsoft Word（拡張子docもしくはdocx.）にて作成し、無記名で提出する。

③　和文論文には英語500語以内の要旨、英語・中国語論文には日本語の要旨（A4×1 枚以内。字数は上記規定に準拠する）をMicrosoft Word（拡張子docもしくはdocx.）にて作成し、無記名にて提出する。英文要旨にはその日本語訳をつける。

④　別紙（A4判）に、1）投稿原稿種の区分、2）原稿の題目、3）氏名（日本語・英語）、4）所属・職名（日本語・英語）、5）キーワード、6）連絡先（住所、電話、メールアドレス）を記入して提出する。

⑤　提出後の原稿の差し替えは認めない。また原稿は返却しない。

⑥　投稿する論文（等）と内容の面で重複する部分を含む論文（等）を既に発表ないし投稿している場合は、その論文（等）のコピーを1部添付する（郵送可）。

（7）原稿送付期限

投稿原稿は2022年3月1日（必着）までに、紀要編集委員会宛に提出するものとする。投稿原稿は、紀要編集委員会において審査を行い、採択、修正のうえ再審査、不採択が決定され、投稿者に通知される。再審査の場合、定められた期間内での原稿修正の権利が与えられる。

2．問い合わせ先／原稿送付先
　　・日本国際教育学会紀要編集委員会
　　　E-mail: jies.hensyu2122@gmail.com
　　・日本国際教育学会紀要編集委員会委員長　服部美奈
　　　〒464-8601　名古屋市千種区不老町
　　　名古屋大学大学院教育発達科学研究科　服部美奈気付
　　　E-mail: s47544a@cc.nagoya-u.ac.jp

※論文提出後3日以内に受領確認メールが届かない場合は、上記編集委員会に必ず問い合わせてください。

ADDITIONAL GUIDELINES FOR ENGLISH MANUSCRIPTS
CALL FOR PAPERS: JOURNAL of INTERNATIONAL EDUCATION, Volume 28

Submissions to the 28th edition of the Journal of International Education are now being accepted, with a deadline of March 1, 2022. Authors making submissions in English should review the following guidelines. Any manuscripts not conforming to this procedure will not be accepted. Authors should also refer to the latest version of this procedure in addition to the Provisions for Editing Bulletins of JIES on the JIES website (http://www.jies.gr.jp/) before submission.

1. Conditions for accepting manuscripts
    (1) Manuscripts must be original work of the author(s).
    (2) Journal of International Education (JIE) considers all manuscripts on the strict condition that they have been submitted only to JIE, that they have not yet been published, nor are they under consideration for publication elsewhere.
    (3) Authors whose papers were accepted in the previous year cannot submit in the present year.

2. Submission
    (1) Papers should be double spaced, submitted on A4-size paper, and contain twenty-two lines per page. Margins on the top, bottom, and sides should be no shorter than 2.5 centimeters (i.e., one inch). The title should be typeset in 12pt font in 15 words and the body of the paper should be typeset in 10.5pt font. Papers, when properly formatted, must not exceed the size limits stated for the paper categories as follows:

Submission category	Size Limit
Research Paper	23 pages, including all text, references, appendices, and figures.
Research Note	19 pages, including all text, references, appendices, and figures.
Research Report	15 pages, including all text, references, appendices, and figures.
Research Information	
Data	

(2) A key word (within 5 of each) should be mentioned in Japanese and English. And,"Note" and "reference" should be separated and described. "Note" is employed as a notation. "Quotation and reference book" mention the document list used by a thesis at the thesis end..

<Example>
[Note]
1)・・・
2)・・・

[Quotation and reference book]
Smith, J. (2000). *The educational challenges of the new century*. New York: Broadway Publishing.
Pavil, S. (1997). Capitalizing on cultural capital: The movement of knowledge through corporations.
Harvard Business Journal, 14 (1), 654-675.

<Example of cited literature in the thesis>
In case of Bunchu ： According to Smith(2004).
In case of the end of sentence: ：(Smith, 2004, p. 10).

(3) We require that manuscripts be submitted to Editorial Office's email address (jies. hensyu2122@gmail.com). If contributors are unable to access email, we will accept disk/CD/USB Flash submissions by mail at the address below.

(4) A cover sheet should include the category of the manuscript (choose one from this list: research paper; research note; research report; research information; data), title, author's name, author's affiliation, key-words, mailing address, telephone/ fax number, and e-mail address.

(5) A completed manuscript should be submitted and cannot be returned or replaced once submitted.

(6) All English manuscripts must include a Japanese abstract that is no longer than one page in length (A4 size).

(7) For pagination, use Arabic numerals.

(8) The manuscripts should not have any textual references to the author(s). References to the author's names should be blacked out. The acknowledgements should not be included at the time of submission.

3. Style and format

For general guidelines on appropriate style and format, please refer to the Publication Manual of the American Psychological Association, 7th Edition.

Example:

Smith, J. (2000). *The educational challenges of the new century*. New York: Broadway Publishing.

Pavil, S. (1997). Capitalizing on cultural capital: The movement of knowledge through corporations. *Harvard Business Journal*, 14 (1), 654-675.

4. Decision to accept

All manuscripts will be accepted without revisions; accepted conditionally, with stipulations for more revisions; or rejected. In the case of conditional acceptance, the Editorial Committee reserves the right to reject a manuscript after revisions have been made if revisions are deemed insufficient.

5. All authors are encouraged to have their manuscript copy-edited before submitting the paper, especially authors for whom English is a foreign language. Writers who submit manuscripts that have typographical and/or grammatical errors risk having their papers rejected.

Please send all submissions by e-mail to:

Editorial Office: jies.hensyu2122@gmail.com

Prof. Mina Hattori

Graduate School of Education and Human Development, Nagoya University

Furo-cho, Cikusa-ku, Nagoya 464-8601, JAPAN

Email: s47544a@cc.nagoya-u.ac.jp

Inquiries about the journal may be directed to the editorial office by e-mail (jies. hensyu2122@gmail.com).

You will receive an email confirmation stating that your manuscript has been submitted. If you do not receive this in 3 days, please contact the editorial office by email (jies. hensyu2122@gmail.com).

公開シンポジウム・課題研究の報告（依頼原稿）要領

１．原稿分量
　　　字数は1原稿4,320字以内（厳守）。　　＊学会誌の様式で4頁分となります。
２．原稿の様式
（１）原稿は、図や表、脚注を含めて全て横書き、ワープロ書き、10.5ポイント
　　　とし、Ａ４判用紙を使用する。
（２）1行40字×40行（1,600字）で印字する。
（３）「注」と「引用・参考文献」は分けて記述してください。「注」は注釈とし
　　　て用い、「引用・参考文献」は論文で用いた文献リストを論文末に挙げる。
　　　〈表記例〉
　　　【注】
　　　1）本稿では○○の対象を△△に限定する。

　　　【引用・参考文献】
　　　日本国際教育学会創立20周年記念年報編集委員会編（2010）『国際教育学
　　　の展開と多文化共生』学文社。

　　　〈本文中の引用文献の表記例〉
　　　文中の場合：伊藤（2004）によれば・・・
　　　文末の場合：・・・（伊藤 2004, p. 10）。

（４）原稿にはページ番号を付す。
（５）編集委員会で様式の確認はするが、依頼原稿のため査読はない。

３．提出期日：2022年4月末日【必着】
４．提出方法：司会者（企画責任者）が取りまとめ，一括して提出する。
５．提出先：日本国際教育学会紀要編集委員会：jies.hensyu2122@gmail.com
　　　　　　　　　　委員長　服部美奈宛：s47544a@cc.nagoya-u.ac.jp

Writing reports on public symposiums and task-oriented research (commissioned manuscripts): an overview

1. Manuscript volume
   Each manuscript has a strict limit of 60 lines. *This is 4 pages in the format employed by the bulletin.

2. Manuscript format
(1) Manuscripts should be entirely in horizontal text, including diagrams, charts, and footnotes.
(2) Manuscripts should be double spaced, submitted on A4-size paper, and contain twenty-two lines per page. Margins on the top, bottom, and sides should be no shorter than 2.5 centimeters (i.e., one inch). The title should be typeset in 12pt font in 15 words and the body of the paper should be typeset in 10.5pt font.
(3) Please list "notes" and "citations and references" separately. "Notes" are to be used for comments, and "citations and references" for a list of publications used for the article, placed at the end of the text.
   [Example of notation]
   Notes
   1. In this manuscript, the subject of X is limited to Y.

   Citations and references
   Japan International Education Society 20th Anniversary Commemorative Annual Report, Editorial Board (ed.) (2010), "The development of international education studies and multicultural coexistence", Gakubunsha

   [Example of inclusion of reference materials in the body text]
   Within a sentence: "According to Ito (2004), ···"
   At the end of a sentence: (Ito, 2004, p.10).
(4) The manuscript should include page numbers.
(5) The Editorial Board will check the format, but since these are commissioned manuscripts, there will be no reviews.

3. Submission deadline: Final day of April, 2022 [Deadline for manuscripts to arrive]
4. Submission method: A member of the Society (responsible for planning) will collect the manuscripts and submit them together.
5. Submit to: Editorial Office: jies.hensyu2122@gmail.com
   Mina Hattori : s47544a@cc.nagoya-u.ac.jp

日本国際教育学会役員一覧（第31〜32期）

役職	氏名	所属	担当
会長	佐藤 千津	国際基督教大学	
副会長	Jeffry Gayman	北海道大学	
理事	赤尾 勝己	関西大学	学会賞
同	岩﨑 正吾	首都大学東京（名誉教授）	紀要
同	大迫 章史	東北学院大学	事務局（総務）
同	太田 浩	一橋大学	組織
同	大谷 杏	福知山公立大学	研究
同	北野 秋男	日本大学	研究大会（第32回）
同	栗栖 淳	国士舘大学	規程
同	佐藤 秀樹	青年海外協力協会	事務局(事務局長)
同	下田 誠	東京学芸大学	国際交流
同	Zane Diamond	Monash University	国際交流
同	玉井 康之	北海道教育大学	研究大会（第31回）
同	新関ヴァッド郁代	産業能率大学	事務局（広報）
同	西山 渓	同志社大学	事務局（会計）
同	服部 美奈	名古屋大学	紀要
同	前田 耕司	早稲田大学	研究
同	吉田 尚史	福岡女学院大学	ニューズレター
事務局長	佐藤 秀樹	青年海外協力協会	
会計監査	小山 晶子	東海大学	
同	田中 達也	釧路公立大学	

編 集 後 記

　紀要第27号をお届けいたします。本号には、研究論文2本、研究ノート1本、教育情報1本、特別企画「コロナ禍における世界の教育とSDGs」2本、書評1本、図書紹介1本を掲載しております。新型コロナウィルスの感染拡大により、2020年度に開催を予定しておりました第31回研究大会は中止を余儀なくされました。そのため、本号には例年紀要に掲載しております研究大会の記録（公開シンポジウムと課題研究）がございません。このような事情から、編集委員会と理事会の議を経て、本号では特別企画「コロナ禍における世界の教育とSDGs」を設け、論考を公募いたしました。おかげさまで、特別企画を含め、多様な国々の教育に関する新たな知見が提示された日本国際教育学会にふさわしい論考を掲載することができたと思っております。執筆者の皆様には、ご多忙の中、原稿を執筆していただき、心から感謝申し上げます。

　今回は、研究論文5本、研究ノート2本、教育情報1本、特別企画3本の投稿がございました。二段階の厳正な審査を経て、このような結果になりました。査読者の方々には、ご多忙のなか大変丁寧に査読をしていただき、貴重なご意見やご助言をいただきました。長引くコロナ禍の厳しい状況のなかでご多忙を極めていらっしゃるにもかかわらず紀要編集のために多くのお時間を割いていただき、本当にありがとうございました。また、今回は残念ながら採択に至らなかった論文の投稿者の方々を含め、次号にも多くの会員の皆さまからの積極的な投稿をお待ちいたしますので、どうぞよろしくお願いいたします。投稿に際しては投稿要領をご確認のうえ、ご不明な点がございましたら編集委員会事務局までお問合せください。なお、本号の巻末には、新たに「公開シンポジウム・課題研究の報告（依頼原稿）要領」（日本語・英語）を掲載いたしましたのでご確認いただけましたら幸いです。

　編集委員会に関しましては昨年度に引き続き、コロナ禍であることを鑑みてすべてオンラインで開催させていただきました。来年度はウィルスの拡大も収まり、研究大会や委員会が対面で開催できるようになることを願うばかりです。

　最後となりましたが、学事出版株式会社の花岡萬之代表取締役社長、本号をご担当くださいました丸山英里様、ならびに学会執行部（佐藤千津会長、佐藤秀樹事務局長、理事の皆様）、編集委員会の皆様のお力添えにより、無事に本号を刊行することができました。厚く御礼申し上げます。また、表紙の写真を提供してくださった中田有紀編集幹事、英文校閲を担当してくださったEmma Parker氏にも重ねて御礼申し上げます。

（紀要編集委員長　服部美奈）

日本国際教育学会紀要編集委員会
（2021 年〜 2022 年）

委 員 長 　 　 服 　 部 　 美 　 奈 　（名古屋大学）
委 　 員 　 　 　 秋 　 庭 　 裕 　 子 　（一橋大学）
　 　 　 　 　 　 石 　 井 　 由 　 理 　（山口大学）
　 　 　 　 　 　 岩 　 﨑 　 正 　 吾 　（首都大学東京・名誉教授）
　 　 　 　 　 　 小 野 寺 　 　 香 　（奈良女子大学）
　 　 　 　 　 　 黒 　 田 　 千 　 晴 　（神戸大学）
　 　 　 　 　 　 玉 　 井 　 　 　 昇 　（独協大学）
　 　 　 　 　 　 森 　 岡 　 修 　 一 　（大妻女子大学・名誉教授）
編 集 幹 事 　 　 中 　 田 　 有 　 紀 　（東洋大学・客員研究員）

英文校閲 　 　 Emma Parker

「国際教育」第 27 号
編集者：日本国際教育学会『国際教育』編集委員会
発行者：日本国際教育学会
　 　 　 ＜ 学会事務局 ＞
　 　 　 　 〒 162-8433 　 東京都新宿区市谷本村町 10-5 　 JICA 地球ひろば
　 　 　 　 （公社）青年海外協力協会 　 佐藤秀樹気付
　 　 　 ＜『国際教育』編集委員会事務局 ＞
　 　 　 　 E-mail：jies.hensyu2122@gmail.com
　 　 　 　 〒 464-8601 　 名古屋市千種区不老町
　 　 　 　 名古屋大学大学院教育発達科学研究科 　 服部美奈気付
　 　 　 　 E-mail：s47544a@cc.nagoya-u.ac.jp
印刷所：学事出版株式会社
　 　 　 〒 101-0021 　 東京都千代田区外神田 2-2-3
発行日：2021 年 9 月 1 日